EL COLOR EN EL
DISEÑO DE INTERIORES

4

DAR COLOR A UNA HABITACIÓN PROPIA
STELLA PAUL

11

UNA VIDA A TODO COLOR
INDIA MAHDAVI

14

EL COLOR EN EL DISEÑO DE INTERIORES

218

DIRECTORIOS

226

ÍNDICE

DAR COLOR A UNA HABITACIÓN PROPIA
STELLA PAUL

«EL COLOR ES UNA NECESIDAD VITAL. UNA MATERIA PRIMA
INDISPENSABLE PARA LA VIDA, COMO EL AGUA Y EL FUEGO».[1]
FERNAND LÉGER (1881-1955)

El color de los espacios que habitamos es un reflejo de lo que somos, de nuestra identidad, nuestros gustos y nuestra cultura. El color no solo es el telón de fondo de nuestra vida, sino que lo impregna todo. Es un elemento clave de nuestra experiencia del mundo, pero también de nuestros pensamientos y sueños y está presente en lo material, lo emocional y lo espiritual. Percibimos el color a través de complejos mecanismos fisiológicos. Muchos de los más grandes pensadores han dedicado ímprobos esfuerzos para comprender su funcionamiento y, sin embargo, nos vemos deslumbrados constantemente por nuevas ideas o descubrimientos a la vez que quedamos desconcertados por su insoluble misterio. Intentamos dar sentido al color mediante complejos sistemas de organización, a menudo enfrentados entre sí. Para comunicar lo que vemos, tratamos de traducir lo visual y definir lo inefable con palabras evocadoras, casi poéticas, o mediante áridos símbolos numéricos. Y a pesar de todo, es imposible ver lo mismo que ven los demás o saber si una persona ve (o siente) lo mismo que otra. De lo que no hay duda es de que rodearnos de exquisitos colores, de su cautivadora fuerza, nos produce gran placer, tanto si lo que buscamos es exaltación y alegría, contención intelectual o simplemente paz. Así ha sido siempre. A lo largo de la historia, el ser humano ha empleado el color como si fuese un elemento mágico capaz de dar significado a los espacios que considera importantes. El color nos habla. Pero, en esencia ¿qué es el color?

«LOS COLORES SON ACTOS DE LA LUZ; ACTOS Y SUFRIMIENTOS».[2]
JOHANN WOLFGANG VAN GOETHE (1749-1832)

El color es luz, pero esto es algo que nos llevó bastante tiempo descubrir. Fue en 1666 cuando Isaac Newton logró separar las longitudes de onda que constituyen el espectro de la luz. Al pasar por el prisma de Newton, la luz del sol («luz blanca») se refractaba en distintos ángulos revelando rayos de distintos colores, cada uno con su longitud de onda. Después, hizo que estos rayos de colores atravesaran un segundo prisma, recombinándolos y reconstituyendo el haz de luz blanca.

Cuando la luz incide sobre una superficie, esta absorbe algunas longitudes de onda, mientras que refleja otras. Son estas ondas reflejadas las que generan el color.

Pero para poder percibirlo hace falta una compleja interacción entre la física de la luz y la fisiología del ojo, además de un análisis que se produce en el cerebro de cada persona.

Esta capacidad no es exclusiva de los seres humanos. Los animales también son sensibles al color, aunque en muchos casos lo perciben de manera muy diferente, ya que cuentan con otros sistemas visuales. Los perros solo ven las longitudes de onda del amarillo y el azul; en su mundo no hay rojo ni verde. Algunas mariposas tienen acceso a mundos de color desconocidos para nosotros, pues sus receptores son mucho más complejos. El ser humano puede distinguir unos diez millones de colores, pero el campo de energía electromagnética que nuestro ojo percibe es solo una estrecha franja y la energía que se transmite en longitudes de onda infrarroja y ultravioleta no la podemos ver. Sin embargo, algunas especies sí que ven estos reinos «invisibles» y esos colores son, además, cruciales para su supervivencia. Las serpientes ven la luz infrarroja, lo que les permite percibir el calor de las presas. Los pájaros y las abejas ven marcas ultravioletas en plantas y flores que dependen de la polinización. La naturaleza está codificada por colores. Los que vemos, y los que no vemos, nos dan pistas de qué es apetecible y qué es venenoso, a quién acercarnos o a quién evitar, si algo debe asustarnos o interesarnos. La supervivencia depende del color, de ahí que algunos animales se mimeticen. Por ejemplo, en un instante, los pulpos (aunque son daltónicos) pueden cambiar de color para imitar el entorno. Nosotros no podemos hacer esto, pero sí podemos plasmar nuestro estado de ánimo a través de los colores con los que nos rodeamos.

«EL COLOR ENGAÑA CONTINUAMENTE».[3]
JOSEF ALBERS (1888-1976)

Pero Newton fue un paso más allá y dividió su arcoíris en siete colores y le dio un orden concreto. Más de 350 años después, aún lo utilizamos: rojo, naranja, amarillo, verde, azul, añil y violeta. Esta clasificación no deja de ser una abstracción, pues el campo electromagnético es continuo y los límites son sutiles. ¿Por qué dividirlo exactamente en siete tonos o incluir dos, el azul y el añil, que son tan parecidos? Newton impuso el orden y para ello empleó, entre otras ideas, el concepto musical de cómo se dividía una octava. Cualquier forma de organización del color es una imposición de algún modelo ideal y Newton no fue el primero en hacerlo. Aristóteles también tenía una escala de colores para demostrar que estaban formados por una mezcla de luz y oscuridad, en la que el blanco estaba en un extremo y el negro en el polo opuesto. El azul, por ejemplo, estaba cerca del negro porque se consideraba próximo a la oscuridad. El modelo aristotélico estaba vigente incluso durante el Renacimiento europeo, miles de años más tarde.

Filósofos, científicos, artistas, diseñadores y poetas de todas las épocas han teorizado sobre cómo organizar el color en sistemas coherentes y cómo crear armonía. Pero lo que en un estudio resultaba inequívoco podía refutarse fácilmente en otro. Johann Wolfgang von Goethe no aceptaba la física aparentemente objetiva de Newton y publicó su propia teoría del color, la que él consideraba su obra más importante. Goethe hacía hincapié en la subjetividad y organizó los colores en categorías de «más» o «menos» según unas sensaciones específicas.

Cada tono es un detonante que despierta melancolía o serenidad. Algunos inspiran dinamismo y alegría; otros transmiten ansiedad e inquietud; otros son poderosos, radiantes o espléndidos. La idea de que el efecto del color es una cuestión psicológica, antes que estética, sedujo a muchos pensadores antes que a Goethe y sigue haciéndolo muchos años después.

«LOS COLORES PLENOS Y SATURADOS TIENEN UN
SIGNIFICADO EMOCIONAL QUE QUIERO EVITAR».[4]
LUCIAN FREUD (1922-2011)

El color empieza en el mundo sensible, pero acaba en nuestra mente. ¿Es posible predecir nuestra respuesta al color? Aunque a lo largo de la historia se ha intentado dar con una definición de carácter universal, esto ha sido imposible. Cómo reaccionamos al color depende de nuestras asociaciones desde la infancia, de los hábitos, la cultura y las idiosincrasias personales. Para Carl Gustav Jung el color era un lenguaje simbólico que se podía descifrar: el rojo era la sangre; el azul, lo espiritual. Pero para algunas personas el rojo puede significar romance o privilegio, o el azul simbolizar la lealtad o la melancolía. El verde sugiere envidia, pero también evoca la naturaleza. Piet Mondrian relacionaba tanto el color con el paisaje (algo prohibido para él, dado el carácter abstracto de su obra) que evitaba mirar por ventanas desde las que se viesen campos o árboles para no colorear sus pensamientos. Richard Diebenkorn eliminó durante un tiempo el azul de su paleta por la misma razón: evocaba paisajes y su objetivo era la abstracción.

Muchos psicólogos, además de Jung, han leído el inconsciente en clave de color buscando formas de medir o definir su impacto. El test de los colores de Max Lüscher, de mediados del siglo xx, explicaba rasgos básicos de la personalidad del sujeto al pedirle que ordenase 73 colores. Una fuerte inclinación por el azul denotaba necesidad de paz y tranquilidad, mientras que la predisposición al negro y al rojo revelaba una emoción reprimida que amenazaba con manifestarse en forma de agresividad y violencia emocional. Es una alerta roja inequívoca: «lo que no pueda ser dominado será destruido». Buena parte de la psicología del color nos dice más sobre el intérprete y su entorno cultural que sobre los humanos en general, o incluso sobre personas en particular. Pero aún queda mucho trabajo por delante.

Los estudios sobre cómo influye el color en el comportamiento se suelen relacionar con la productividad en el trabajo, las ventas o el marketing. Se evalúa la percepción del paso del tiempo entre luces o paredes de colores, y, al parecer, se sobrestima en entornos rojos. También se cree que este color hace que las cosas parezcan más grandes, lo que influye en el ritmo cardiaco y la presión arterial, o que atrae, estimula y excita a los clientes allí donde se busca inmediatez, como en un restaurante de comida rápida. Pero hay que ser cauto. Los estudios cambian tanto como la idea de descodificar las emociones que despierta el color. Los estudios de mercado y los fabricantes de bienes de consumo realizan constantemente predicciones sobre el color, en ocasiones contradictorias, que cada año se anuncian a bombo y platillo y que nos llevan a adquirir productos acordes con la moda imperante.

Color y salud siempre han ido de la mano. Un estudio actual sobre la luz azul afirma que disminuye los impulsos suicidas y ha llevado a instalar iluminación azul en algunas estaciones de tren de Japón. Sin embargo, los efectos sanadores del color son tan imprecisos como sus cualidades poéticas. Antiguamente se creía que las piedras preciosas contenían luz de color y se usaban para diagnosticar y curar enfermedades. Miles de años después surgió la cromoterapia, que trataba de alterar las funciones corporales empleando luces de colores. Pero lo cierto es que, aunque seguimos usando luz azul para descomponer la bilirrubina en bebés con ictericia, no podemos atribuirle ningún beneficio de carácter general.

«EL COLOR, ESA LENGUA TAN PROFUNDA,
TAN MISTERIOSA, LENGUA DE LOS SUEÑOS».[5]
PAUL GAUGUIN (1848-1903)

No hay lengua tan precisa ni con tantos matices poéticos como para describir de manera adecuada el color. Nuestros ojos son capaces de distinguir millones de colores, pero cualquier persona que no sea experta en el tema emplea poco más de una docena de términos para describirlos. Apenas disponemos de palabras para definir un tono básico, y mucho menos para describir cuándo una textura o un acabado modifican la luz (y el color). Es más, ¿qué queremos decir cuando hablamos de color? Si cincuenta personas piensan a la vez en el color rojo, como decía Josef Albers, habrá cincuenta rojos distintos, sin dos iguales. Escarlata, carmín, teja, borgoña, óxido, bermellón. Todos rojos, todos distintos. Aceptamos categorías notablemente amplias para aunar cosas muy diversas y rara vez entramos en detalles. Desde el chillón azul cobalto hasta el melancólico azul marino, pasando por un azul cielo pálido, todos son azules. El negro mate aterciopelado es totalmente distinto al negro cristalino y brillante. ¿Deberíamos usar la misma palabra para referirnos a ellos?

Ya sea que tengamos muchas palabras o pocas, nos esforzamos en dar nombre a las cosas y cada cultura designa los colores de forma distinta. La palabra inglesa «blue» aúna muchos tonos y pigmentos distintos, cuyo parentesco nos resulta evidente. Sin embargo, en ruso tienen dos palabras: el azul claro y el azul oscuro son categorías distintas. En navajo, una misma palabra engloba el verde y el azul, pero tienen dos para el negro. De hecho, ni siquiera todas las lenguas tienen nombres para los colores. Los pirahã, una tribu remota del Amazonas, no tienen ninguno en su vocabulario. Atribuir palabras a una experiencia sensorial es una traducción y cada cultura agrupa y categoriza de manera diferente los colores, lo cual es indicativo de una forma particular de ver el mundo.

A veces, describimos experiencias visuales mediante abstracciones lingüísticas que acabamos aceptando como hechos, no como analogías. ¿Existen realmente los colores fríos o los cálidos? Se acepta que el rojo y el naranja son cálidos, mientras que el azul es frío. Pero en realidad es al revés: cuando se calienta un objeto al principio es rojo, pero al subir la temperatura se pone de color blanco brillante y acaba siendo azul.

El lenguaje no es literal, sino analógico. Es innegable que el azul marino inspira frescor, de modo que cualquier etiqueta para un color puede ser acertada y, al mismo tiempo, no serlo. Es imposible definir el color.

Se han llevado a cabo grandes esfuerzos para comunicar con claridad de qué se habla cuando se habla de colores, o para homogeneizarlos en distintos medios para la producción comercial. Hace siglos que se vienen desarrollando sistemas que articulen las relaciones entre los colores mediante diagramas en forma de escalas, círculos, discos, triángulos o estrellas. Existen modelos tridimensionales aún más complejos que tratan de ir más allá y que remarcan que el color no se describe únicamente por su tono. Los colores tienen tres atributos que, aunque coexisten, se pueden considerar de manera independiente: tono, valor y saturación. El sistema de notación del color de A. H. Munsell de 1905 muestra la gradación de cada tono en función del valor (o luminosidad) y la saturación (o pureza) del color. Munsell trató de definir estándares que se pudiesen aplicar fácilmente a cualquier plataforma organizando cada color en su secuencia empleando complejas fórmulas matemáticas. Aunque no era un sistema puramente teórico, Munsell subrayó la necesidad de un sistema para «evitar errores y decepciones», que eran inevitables con los descriptores disponibles. Pero no fue el único. El sistema de color Pantone, un extenso abanico de colores ordenados con precisión en una escala, sirvió en origen a la industria de la imprenta, pero pronto se extrapoló a otros ámbitos. Se han organizado muchos consejos nacionales sobre el color y se han creado organismos internacionales como la CIE (Comisión Internacional de la Iluminación) y unidades de regulación en multitud de empresas, como las de pinturas para pared. Hoy, los colorímetros y espectrofotómetros nos permiten medir e identificar las características del color a un nivel sin precedentes. Esto, en principio, permite describir el color de forma inequívoca.

Pero a pesar de disponer de todas estas herramientas, seguimos recurriendo al lenguaje poético para describir los colores que nos gustan. El nacimiento del hijo de María Antonieta desencadenó una moda por el color «caca dauphin», un color que recordaba a los pañales sucios del joven príncipe. En la actualidad las empresas de pintura buscan seducir a los consumidores del siglo xxi con colores como «lección de vida», «salmón muerto», «lágrima salada», «tres patas» y «aguja de enhebrar», o con alusiones a la respiración como «aliento de elefante», «suspiro de topo» o «soplo de viento». Las palabras quizá evoquen un estado de ánimo (o un matiz concreto), pero también hay otros nombres cuyas referencias son más ambiguas, como «queso para nachos», «mayonesa», «queso en polvo» o «bagel». Tanto si uno desea vivir en un etéreo mundo de suspiros o deleitarse en lo cotidiano, lo cierto es que tenemos la posibilidad de colorear los espacios a nuestro gusto.

«TODAS LAS HABITACIONES TIENEN SU PENUMBRA,
LO GRANDIOSO ES ENCONTRAR EL COLOR QUE LA ILUMINE».[6]
GERTRUDE STEIN (1874-1946)

El color siempre ha sido crucial en los espacios que son importantes para nosotros. Puede ser un símbolo de jerarquía, de un ritual o creencia, o una manifestación cultural del gusto o del estado de ánimo de alguien. Todos estos matices se manifiestan en el color igual que en la escala (ya sea íntima o monumental), la proporción o el vocabulario de los elementos formales y decorativos.

El impulso de pintar las paredes está grabado en nuestro ADN. No sabemos quiénes eran los seres humanos del Paleolítico, ni qué hacían en los espacios que creaban ni por qué pintaban las paredes de las cuevas con tonos marrones, rojizos, negros y blancos, pero ya en la etapa más distante de la Prehistoria usaban el color con la suficiente destreza como para articular espacios interiores. A partir de rocas deleznables de tonos ocres extraían sílice, arcilla y óxido de hierro para crear mundos de ensueño con detalladas representaciones anatómicas de animales y huellas de manos humanas. Al contemplar estas pinturas en las paredes de las cuevas quizá no podamos comprender estos primeros registros de decoración del espacio, pero sí maravillarnos ante su belleza, el misterio que ocultan y la destreza técnica que revelan.

La representación de coloridas escenas de carácter ritual o simbólico, que transforman las paredes en relatos mágicos o en etéreos paisajes imaginarios, ha sido fundamental para dar forma a espacios interiores significativos. Esto lo vemos a lo largo del tiempo en multitud de culturas. Los antiguos egipcios, los mayas o los babilonios se caracterizan por la riqueza cromática de sus decoraciones interiores. Lo mismo podemos decir de la antigua Roma o la Europa renacentista. Los frescos dieron a las paredes el papel protagonista. En 1748, las excavaciones en Pompeya cautivaron al mundo entero al sacar a la luz hermosas habitaciones congeladas en el tiempo por la catastrófica erupción del Vesubio en el 79 d.C. No es la primera vez (ni la última) que la percepción contemporánea del color recibe influencias del pasado; por ejemplo, el gusto por el rojo pompeyano sigue vigente en la actualidad.

Pero lo cierto es que muchos espacios históricos que son fuente de inspiración durante siglos (o milenios) acaban cambiando; no siempre son cápsulas del tiempo inmutables. Por ejemplo, la arquitectura griega no era blanca, sino que estaba pintada con vivos colores que el paso del tiempo fue desgastando. Esto no impidió que durante siglos las personas con capacidad para influir en la estética de cada época se hicieran eco de la pureza del blanco y crearan nuevos espacios basados en este color, inspirados por aquello que consideraban un ideal (históricamente inexacto). Le Corbusier celebró la transformación del Partenón en un edificio sin colores: «Gracias a Dios, el tiempo ha sacado su lado más bello; aplaudo la reconquista de la monocromía». Eliminar el color ha sido sinónimo de dejar de lado lo frívolo y de acabar con los excesos, y también ha servido como vehículo de ideales morales y espirituales. Así ocurrió con el interior de las iglesias protestantes, cuyo color blanco, austero y sin decoraciones se consideró la expresión perfecta del ascetismo.

Los colores (también el blanco y el negro) representan el ideario subyacente. Basta con entrar en una catedral y observar las vidrieras que mediante luces de colores narran historias cargadas de sentido, o contemplar la cerámica vidriada en el interior de muchas mezquitas, donde la luz y el color simbolizan ideales de armonía, respeto y trascendencia.

Mientras que hay épocas que destierran el color, hay otras que lo desean, a veces incluso como reflejo de la abundancia del periodo. Las paredes de las lujosas villas de Pompeya no son solo vívidas, sino fastuosas. Los pigmentos pueden ser caros, especialmente el rojo pompeyano, elaborado con cinabrio, una sustancia de origen muy lejano, difícil de extraer y manipular. Las habitaciones rojas parecían ser algo común en Pompeya, pero lo cierto es que muchas eran en realidad amarillas; lo que sucedió es que los gases volcánicos transformaron los pigmentos. En algunas se habían utilizado técnicas más baratas para darles el tono rojizo, pintando una fina capa roja sobre una superficie amarilla. Otras, sin embargo, están revestidas de cinabrio puro, reflejo de la riqueza y buen gusto de sus propietarios.

Pero el rojo no es el único color indicativo de prestigio. El púrpura tiene una larga tradición como símbolo de opulencia por su difícil obtención, que incluso llegó a estar regulada por ley en algunos periodos. Por ejemplo, los hijos de los gobernantes bizantinos nacían en una sala revestida de pórfido, una roca de color púrpura muy poco común. El abastecimiento de materias primas para elaborar pigmentos es casi siempre revelador, pues pone precio al gusto y explica los avances tecnológicos que dan acceso a nuevos colores. Los materiales (y colores) disponibles varían en cada época. Los avances en la química de los colores sintéticos durante el siglo XIX transformaron los gustos. De pronto había verdes más intensos, amarillo de cromo o azul ultramar a precios asequibles y, naturalmente, los colores de las habitaciones cambiaron. Los aglutinantes y resinas sintéticos nos ofrecen nuevas posibilidades para aprovechar el comportamiento del color y estimulan a nuestro gusto a moverse en nuevas direcciones. Pero también las texturas y los juegos de luces transforman el color y nos exigen que no tengamos en cuenta solo el tono, sino sus atributos esenciales, su valor y su saturación.

La naturaleza y el mundo artificial que el ser humano ha creado están codificados por colores. El color satisface deseos, transmite actitudes y gustos, incluso controla el comportamiento. ¿Debería sorprendernos que le sigamos pidiendo al color que sea el protagonista de los espacios que verdaderamente nos importan?

---

1. Fernand Léger, «Color en el mundo», en *Funciones de la pintura*, Barcelona: Ediciones Paidós, 1990, pág. 69.
2. Johann Wolfgang von Goethe, *Teoría de los colores*, Murcia: Colegio Oficial de Arquitectos Técnicos de Murcia, 1810/1992, pág. 57.
3. Joseph Albers, *La interacción del color*, 1979, Alianza Editorial, Madrid, pág. 13.
4. Lucian *Freud*, «Full saturated colors have an emotional significance», citado en el catálogo de la exposición *Lucian Freud: Naked portraits, Werke der 40er bis 90er Jahre*, ed. de Jean-Christophe Ammann et al., Fráncfort del Meno, 2001.
5. Paul Gauguin, *Escritos de un salvaje*, Barral, Barcelona, 1974, pág. 125.
6. Gertrude Stein, «Every room has its gloom», en Gertrude Stein, *Everybody's Autobiography*, 1937, Nueva York, Random House, reimpresión de la edición de 1973.

UNA VIDA A TODO COLOR
INDIA MAHDAVI

A menudo me defino como políglota y polícroma, ya que para mí color y cultura van de la mano. El color es mi forma de expresión precisamente porque encarna la libertad artística que busco. Es la luz y la sombra del sur (de todos los sures) del que vengo y simboliza la nostalgia de un paraíso perdido que a su vez despierta en mí el deseo de imaginar otros. Los colores son como consecuencias de mis recuerdos, de un bagaje entretejido: el Egipto de mi madre, el Irán de mi padre, nuestros viajes cuando aún era una niña, la Francia donde echamos raíces, mi recorrido como arquitecta y diseñadora.

Concibo los colores como parte de nuestra herencia compartida, un lazo que nos une, una seña de nuestra identidad como *Homo sapiens*, porque desempeñan un papel crucial en la naturaleza. Son fuente de belleza y para mí la belleza es central en nuestra historia: es el motor de la evolución. Creo que infravaloramos su importancia en nuestras vidas; la inteligencia, la fuerza o el tamaño no lo son todo. A veces pienso que Darwin subestimó el papel de la belleza en la supervivencia de las especies, de todas; de los seres humanos, claro, pero también de los animales y las plantas.

El color también es una seña de identidad con la que nos reconocemos o que denota la pertenencia a un grupo, una tribu o una familia. Me di cuenta de esto durante mi último viaje a Irán, cuando visité uno de los principales talleres de alfombras. En su elaboración el color es fundamental y permite a cada tribu distinguirse de las demás atribuyendo un color específico a sus alfombras, igual que cada clan escocés tiene un patrón de tartán distinto.

En mi trabajo, en todas mis creaciones, busco los colores de mi infancia. Es esta nostalgia redescubierta la que me mueve e inspira. Crecí en Estados Unidos y recuerdo ver en la televisión los dibujos animados de Tex Avery en tecnicolor. Sus deslumbrantes colores centelleaban en mi retina y dejaron una huella imborrable, igual que el cine. La pequeña y la gran pantalla son para mí una fuente infinita de color y, por tanto, de inspiración.

Siempre he usado el color de forma natural, no artificial. Es algo instintivo más que consciente. Cuando veo un espacio por primera vez, los colores surgen como un sentimiento. Los siento. Creo que mi mente, igual que mi cuerpo, es sinestésica y relaciona cada color con una emoción, un olor, un gesto, una imagen, una impresión. El color se ha convertido en mi expresión.

Me esfuerzo por crear recuerdos fugaces de lugares, pero que perduren en la memoria de la persona que va a visitar y a descubrir los espacios que diseño. Cuando trabajo con un espacio (ya sea un restaurante, un hotel o una residencia privada que deba ser fiel reflejo de su propietario), busco mostrar una identidad fuerte y marcada. Y la forma más directa y espontánea de conseguirlo es a través del color.

Algunos colores pertenecen a lugares determinados. Para el hotel Condesa de Ciudad de México elegí instintivamente el turquesa porque era el color más extendido en el barrio, era su identidad. Sencillamente, no podría haber elegido otro color, pero le di una personalidad nueva, integrándolo en un contexto muy diferente. Cuando elijo un color, a menudo los motivos no son evidentes. Los colores tienen significados antiguos, ocultos y clásicos, pero me centro en darles un nuevo sentido más allá de su definición habitual; trato de sobrepasar sus límites, de cruzar sus fronteras, de cuestionar la tradición.

Los colores me ayudan a interiorizar un lugar y revelar su verdadera naturaleza; por eso busco el «color adecuado», el diálogo perfecto entre un espacio y su color. Es una forma de celebrar y revelar su verdadero sentido. Por ejemplo, cuando Mourad Mazouz me pidió que me encargara del diseño de su restaurante londinense, Sketch, me sorprendió de inmediato la ecléctica intensidad del local. Me sentí abrumada y, entonces, se me ocurrió usar el rosa. El rosa como color predominante ayudó a restablecer el equilibrio del espacio y aportó frescura y ligereza, una frivolidad infantil llevada al extremo. Iba a ser algo temporal, ya que Mourad quería cambiar la decoración cada dos años, pero el rosa de la Gallery de Sketch tuvo tanto éxito que este color se convirtió de manera inesperada en su sello de identidad.

Durante más de veinte años, el color me ha ayudado a imaginar lugares, espacios, objetos e historias. Los colores se han convertido de forma natural en mis amigos, en mis aliados. Los dejo que impregnen cada espacio y cada objeto y me acompañan a todas partes. Cuantos más, mejor. Nuestra conversación no es mundana ni molesta: me gusta que se peleen, que discutan, que conversen, que se consuelen, que se reconcilien y que vuelvan a quererse. Los colores viven en mí y conmigo. Son como las palabras: cada asociación crea un significado diferente, como en una frase. Una asociación refuerza su identidad, otra la suaviza. A menudo me refiero a mis colores como si fuesen un alfabeto, una gramática; son mi segunda lengua materna.

Para dar un nuevo significado a los colores llevo siempre conmigo dos armas secretas: mi propia paleta de colores, que he creado específicamente con Mériguet-Carrère, y que tiene cincuenta y dos cartas, como una baraja inglesa. Y también llevo una paleta de terciopelos elaborada por el excelente artesano textil Pierre Frey.

La bauticé como «True Velvet» pensando en la película de David Lynch. Cada tarjeta consta de tres muestras, incluida una que desentona con las otras dos. Esta discrepancia me resulta muy práctica ya que me mantiene en guardia, me ayuda a forjar alianzas que parecían imposibles o secretas, pero que son bellas.

En mi trabajo busco inspirar alegría, quiero que los lugares que invento transmitan energía. El color tiene la capacidad de combatir la tristeza, por eso no es casualidad que los niños y las personas mayores se sientan atraídos por el color y la energía. Los niños miran a su alrededor, con los ojos bien abiertos, atrapados por el poder del color. Las personas mayores, las que lo han visto todo, solo buscan lo más importante: los colores más fuertes. Al final, lo único que queda es el color, ese soplo de vida que se apodera de la mirada. Esta relación tan íntima con el color ha permitido que la gente reconozca mis creaciones. Dicho de otro modo: el color me ha permitido diferenciarme. Encontrar un lugar que sea mío.

Son mis virtudes, mis hermanas.
Forman parte de mi vida, de mis creaciones.
Significan mucho para mí, mis colores.

EL COLOR EN EL DISEÑO DE INTERIORES

Sala de estar, apartamento — Nueva York, Nueva York, EE.UU. — 2010
Barbara Dente (diseño de interiores); Jean Nouvel (arquitectura)

Cocina, ático panorámico — Nueva York, Nueva York, EE.UU. — 2016
Workshop/APD

Comedor, Art Dealer's Loft — Long Island City, Nueva York, EE.UU. — 2008
Steve Blatz

Sala de estar y comedor, Art Dealer's Loft — Long Island City, Nueva York, EE.UU. — 2008
Steve Blatz

Cuarto de baño, residencia en Peach Farm — East Hampton, Nueva York, EE.UU. — 2014
Dekar Design

Recibidor, casa junto al lago — Wayzata, Minnesota, EE.UU. — 2013
Michelle Andrews

22 Cuarto de baño, residencia — Brighton, Victoria, Australia — 2020
Golden

Cuarto de baño, residencia en la calle Lafayette — Nueva York, Nueva York, EE.UU. — 2004
Solveig Fernlund y Neil Logan

Dormitorio, residencia von Teese — Los Ángeles, California, EE.UU. — 2018
Dita von Teese

Dormitorio, casa adosada — Nueva York, Nueva York, EE.UU. — 2014
Studio Piet Boon

Dormitorio, estudio — Brooklyn, Nueva York, EE.UU. — 2010
Snarkitecture

Recibidor, residencia privada — Fráncfort, Alemania — 2016
Joseph Dirand

Cocina, apartamento en Avenue Montaigne — París, Francia — 2017
Joseph Dirand

Sala de estar, residencia en North Hill — Londres, Inglaterra, Reino Unido — 2018
Faye Toogood

Sala de estar, residencia en Greenwich Village — Nueva York, Nueva York, EE.UU. — 2013
Rafael de Cárdenas

Dormitorio, apartamento en Park Avenue — Nueva York, Nueva York, EE.UU. — 2018
Thomas Pheasant Studio

Dormitorio, apartamento en Manhattan — Nueva York, Nueva York, EE.UU. — 2011
Jenny Dyer

Sala de estar, Belnord Apartments— Nueva York, Nueva York, EE.UU. — 2018
Rafael de Cárdenas

Comedor, ático en un búnker — Berlín, Alemania — 2008
Christian Boros

Sala de estar, residencia Xanadune — Southampton, Nueva York, EE.UU. — 2019
Wesley Moon

Rincón de lectura, residencia en Vester Voldgade — Copenhague, Dinamarca — 2020
Studio David Thulstrup

Sala de estar, Palau de Casavells, Galería Miquel Azueta — Baix Empordà, Girona, España — 2019
Studioilse

Dormitorio, residencia en Hidden Ridge — Hidden Hills, California, EE.UU. — 2018
Martyn Lawrence Bullard

Sala de estar, residencia en Bel Air — Los Ángeles, California, EE.UU. — 2018
Sara Story Design

Sala de estar, residencia Reflections — Nueva York, Nueva York, EE.UU. — 2018
M.A. Bowers

Sala de estar, residencia frente al mar en Miami Beach — Miami, Florida, EE.UU. — 2018
SheltonMindel

Sala de estar, apartamento en Park Avenue — Nueva York, Nueva York, EE.UU. — 2018
Thomas Pheasant Studio

Sala de dibujo, casa adosada — Nueva York, Nueva York, EE.UU. — 2013
Ann Pyne, McMillen

Habitación familiar, residencia en Buckhead — Atlanta, Georgia, EE.UU. — 2018
Suzanne Kasler Interiors

Sala de estar y comedor, casa de campo en Georgetown — Washington, D.C., EE.UU. — 2016
Mary Douglas Drysdale

Sala de estar, casa de campo — Southampton, Nueva York, EE.UU. — 2012
Ann Pyne, McMillen

Sala de estar, residencia de Pedro Espírito Santo — Lisboa, Portugal — 2015
Pedro Espírito Santo

Sala de estar, residencia — Woodside, California, EE.UU. — 2016
Benjamin Dhong

Dormitorio, Château Fourcas Hosten — Burdeos, Francia — 2013
Michael Coorengel y Jean-Pierre Calvagrac

Dormitorio, casa de campo — Nueva Jersey, EE.UU. — 2012
Cullman & Kravis

Dormitorio, residencia de Betsey Johnson — Malibú, California, EE.UU. — 2016
Betsey Johnson

Recibidor, residencia — Houston, Texas, EE.UU. — 2013
Redd Kaihoi

Habitación amarilla, granja — Sharon, Connecticut, EE.UU. — 2019
Michael Trapp

Dormitorio, residencia — Cap Cana, República Dominicana — 2011
Juan Montoya Design

Sala de estar, casa — Londres, Inglaterra, Reino Unido — 1987
Anthony Collett

Vestidor, residencia Bellagio — Los Ángeles, California, EE.UU. — 2011
Kelly Wearstler

Sala de estar, residencia en Fazenda Guariroba — Campinas, São Paulo, Brasil — 2015
Sig Bergamin

Dormitorio, residencia Elias — São Paulo, Brasil — 2000
Jorge Elias

Sala de estar, una casa de campo en la ciudad— Londres, Inglaterra, Reino Unido — 2018
Retrouvius

Sala de estar, apartamento en *hôtel particulier* — París, Francia — 2015
Roberto Peregalli y Laura Sartori Rimini, Studio Peregalli

Sala de estar, residencia — Malibú, California, EE.UU. — 2012
Kelly Wearstler

Sala de estar y comedor, casa de la piscina, Villa Peduzzi — Lago de Como, Lombardía, Italia — 2019
Studio Daminato

Sala de estar, casa Lechner — Los Ángeles, California, EE.UU. — 2016
Pamela Shamshiri

Estudio, The Old Red Schoolhouse — Middletown, Rhode Island, EE.UU. — 2014
John Peixinho

Sala de estar, residencia Sky High — Yellowstone, Montana, EE.UU. — 2016
Ken Fulk

Cuarto de baño, residencia de Daniel Arsham — Long Island, Nueva York, EE.UU. — 2020
Snarkitecture

Habitación de invitados, residencia — Provincetown, Massachusetts, EE.UU. — 2014
Ken Fulk

Sala de estar, Casa FOA — Santiago, Chile — 2017
Grisanti & Cussen

Dormitorio, refugio de esquí — Montañas Rocosas, EE.UU. — 2015
Peter Marino

Sala de dibujo, *pied-à-terre* parisino — París, Francia — 2006
Alidad

Vestidor, residencia en avenida Madison — Nueva York, Nueva York, EE.UU. — 2017
Kelly Wearstler

Despacho, residencia Arnell — Katonah, Nueva York, EE.UU. — 2019
Alberto Villalobos

Sala de estar, residencia en Pebble Beach — Monterey, California, EE.UU. — 2013
J. P. Molyneux Studio

Habitación de Estlin, Irving Place Carriage House — Brooklyn, Nueva York, EE.UU. — 2015
LOT-EK

Despacho, residencia Juarez y Ploener — Nueva York, Nueva York, EE.UU. — 2016
Christina Juarez & Company

Despacho, apartamento en la Quinta Avenida — Nueva York, Nueva York, EE.UU. — 2011
Robert Couturier

Dormitorio, residencia Elias — São Paulo, Brasil — 2000
Jorge Elias

Cuarto de estar, residencia Molster — Richmond, Virginia, EE.UU. — 2018
Janie Molster

Dormitorio, casa adosada en Brooklyn Heights — Brooklyn, Nueva York, EE.UU. — 2010
Kathryn Scott Design Studio

Cocina, Château de Montigny — Normandía, Francia — 1999
Andrew Allfree

Dormitorio principal, residencia de Trey Trust — Los Ángeles, California, EE.UU. — 2007
Stephen Samuelson, Plan A Architecture

Comedor, residencia privada — Nueva York, Nueva York, EE.UU. — 2012
Jay Jeffers

Recibidor, residencia en Franklin Hills — Los Ángeles, California, EE.UU. — 2019
Reath Design

Despacho, casa de estilo colonial español — Los Ángeles, California, EE.UU. — 2015
Thomas Callaway

Biblioteca, casa adosada — Nueva York, Nueva York, EE.UU. — 2013
Ann Pyne, McMillen

Despacho, casa historicista — Chicago, Illinois, EE.UU. — 2019
Steven Gambrel, S.R. Gambrel (diseño de interiores); Liederbach & Graham (arquitectura)

Sala de estar, residencia de Sarise y Stephen Dweck — Jersey Shore, Nueva Jersey, EE.UU. — 2008
Stephen Dweck

Biblioteca, apartamento en Palmolive — Chicago, Illinois, EE.UU. — 2015
Steven Gambrel, S.R. Gambrel (diseño de interiores); Liederbach & Graham (arquitectura)

Sala de estar, *pied-à-terre* — San Francisco, California, EE.UU. — 2014
Thomas Britt

Biblioteca, *pied-à-terre* — San Francisco, California, EE.UU. — 2014
Thomas Britt

Biblioteca, residencia — Houston, Texas, EE.UU. — 2013
Redd Kaihoi

Sala de estar, atelier de Achille Salvagni — Londres, Inglaterra, Reino Unido — 2017
Achille Salvagni

Recibidor, apartamento en Darlinghurst — Sídney, Nueva Gales del Sur, Australia — 2019
Greg Natale

Comedor, apartamento en Darlinghurst — Sídney, Nueva Gales del Sur, Australia — 2019
Greg Natale

Biblioteca, apartamento en Park Avenue — Nueva York, Nueva York, EE.UU. — 2019
Cindy Adams

Salón de entretenimiento, residencia en St. Kilda — Melbourne, Victoria, Australia — 2019
Doherty Design Studio

Ático de meditación, residencia de Trey Trust — Los Ángeles, California, EE.UU. — 2007
Stephen Samuelson, Plan A Architecture

Sala de estar, residencia — Asolo, Italia — 2018
Michela Goldschmied

Sala de estar, apartamento La Joya de Jaipur — Rajastán, India — 2010
Liza Bruce y Nicholas Alvis Vega

Dormitorio infantil, ático de Richard y Lisa Perry — Nueva York, Nueva York, EE.UU. — 2007
Anthony Ingrao

Sala de estar, ático en Chelsea, residencia Rashid — Nueva York, Nueva York, EE.UU. — 2003
Karim Rashid

Recibidor, residencia privada — Cabo San Lucas, México — 2018
Ken Fulk

Sala de estar, apartamento Minimal Fantasy — Madrid, España — 2020
Patricia Bustos Studio

Dormitorio, residencia en Wine Beach — Rockaway Park, Nueva York, EE.UU. — 2011
BNO Design

Sala de desayuno, residencia — Palm Beach, Florida, EE.UU. — 2016
Bunny Williams

Cuarto de baño, casa en la playa — Sídney, Nueva Gales del Sur, Australia — 2018
Richards Stanisich

Dormitorio, residencia Williams — Beverly Hills, California, EE.UU. — 2018
Kravitz Design en colaboración con Disco Volante

Sala de estar, residencia privada — Milán, Italia — 2015
Vincenzo de Cotiis

Dormitorio infantil, un hogar *slow design* — Londres, Inglaterra, Reino Unido — 2015
Suzy Hoodless

Dormitorio infantil, casa adosada en el Upper East Side — Nueva York, Nueva York, EE.UU. — 2017
Ashley Whittaker Design

Dormitorio, residencia privada — Long Island, Nueva York, EE.UU. — 2010
Kelly Behun (diseño de interiores); Sawyer Berson (arquitectura)

Dormitorio, casa de Peter — Copenhague, Dinamarca — 2015
Studio David Thulstrup

Dormitorio infantil, residencia Skok — Lincoln, Massachusetts, EE.UU. — 2018
Mally Skok Design

Sala de estar, Le Palais Bulles — Théoule-sur-Mer, Francia — 1993
Patrice Breteau (diseño de interiores); Antti Lovag (arquitectura)

Sala de estar, residencia von Teese — Los Ángeles, California, EE.UU. — 2018
Dita von Teese

Dormitorio, residencia de Hannah Cecil Gurney — Londres, Inglaterra, Reino Unido — 2019
Hannah Cecil Gurney

Sala de estar, casa de exhibición de Kips Bay — West Palm Beach, Florida, EE.UU. — 2020
Suzanne Kasler Interiors

Sala jardín, apartamento La Joya de Jaipur — Rajastán, India — 2010
Liza Bruce y Nicholas Alvis Vega

Sala de estar, apartamento privado, salón de exposición de De Gournay — París, Francia — 2020
India Mahdavi

Dormitorio, residencia Fredonia — Los Ángeles, California, EE.UU. — 2019
Nicolò Bini, LINE Architecture

Biblioteca, apartamento en el Upper East Side — Nueva York, Nueva York, EE.UU. — 2013
Steven Gambrel, S.R. Gambrel (diseño de interiores); Arcologica Architecture (arquitectura)

Dormitorio y sala de estar, hacienda — Los Ángeles, California, EE.UU. — 2004
Carrie Fisher

Sala de estar, casa de los Hamptons — Sag Harbor, Nueva York, EE.UU. — 2005
Steven Gambrel, S.R. Gambrel

Sala de juegos, apartamento en Washington Square Park — Nueva York, Nueva York, EE.UU. — 2016
Fawn Galli Interiors

Cuarto de estar, *saltbox* — Connecticut, EE.UU. — 2018
Stephen Sills Associates

Dormitorio, residencia — Southampton, Nueva York, EE.UU. — 2018
Bennett Leifer Interiors

Dormitorio, apartamento en The Pierre — Nueva York, Nueva York, EE.UU. — 2012
Atelier AM

Sala de estar, residencia en West Village — Nueva York, Nueva York, EE.UU. — 2016
Eric Pike y Stefan Steil

Sala de juegos, residencia — Palm Beach, Florida, EE.UU. — 2016
Bunny Williams

Sala de estar, residencia en Wallaroy Road — Sídney, Nueva Gales del Sur, Australia — 2016
Tamsin Johnson

Dormitorio, Le Palais Bulles — Théoule-sur-Mer, Francia — 1993
Patrice Breteau (diseño de interiores); Antti Lovag (arquitectura)

Sala de estar, apartamento en el centro — Nueva York, Nueva York, EE.UU. — 2014
Muriel Brandolini

Sala de estar, casa adosada en West Village — Nueva York, Nueva York, EE.UU. — 2007
Steven Gambrel, S.R. Gambrel

Sala de estar, casa adosada en West Village — Nueva York, Nueva York, EE.UU. — 2007
Steven Gambrel, S.R. Gambrel

Habitación de invitados, residencia en Chesapeake — Baltimore, Maryland, EE.UU. — 2018
Laura Hodges Studio

Sala de estar, residencia privada — Fayetteville, Arkansas, EE.UU. — 2009
Tobi Fairley Interior Design

Comedor, residencia — Captiva Island, Florida, EE.UU. — 2008
Anthony Baratta

Sala de estar, residencia en Nueva Jersey — Summit, Nueva Jersey, EE.UU. — 2016
Redd Kaihoi

Dormitorio, Château Fourcas Hosten — Burdeos, Francia — 2013
Michael Coorengel y Jean-Pierre Calvagrac

Comedor, residencia Alhambra — Jacksonville, Florida, EE.UU. — 2019
Andrew Howard Interior Design

Sala de estar, residencia — Southampton, Nueva York, EE.UU. — 2013
Bunny Williams

Sala de estar, residencia en Greenwich Village — Nueva York, Nueva York, EE.UU. — 2018
Steven Gambrel, S.R. Gambrel (diseño de interiores); HS Jessup (arquitectura)

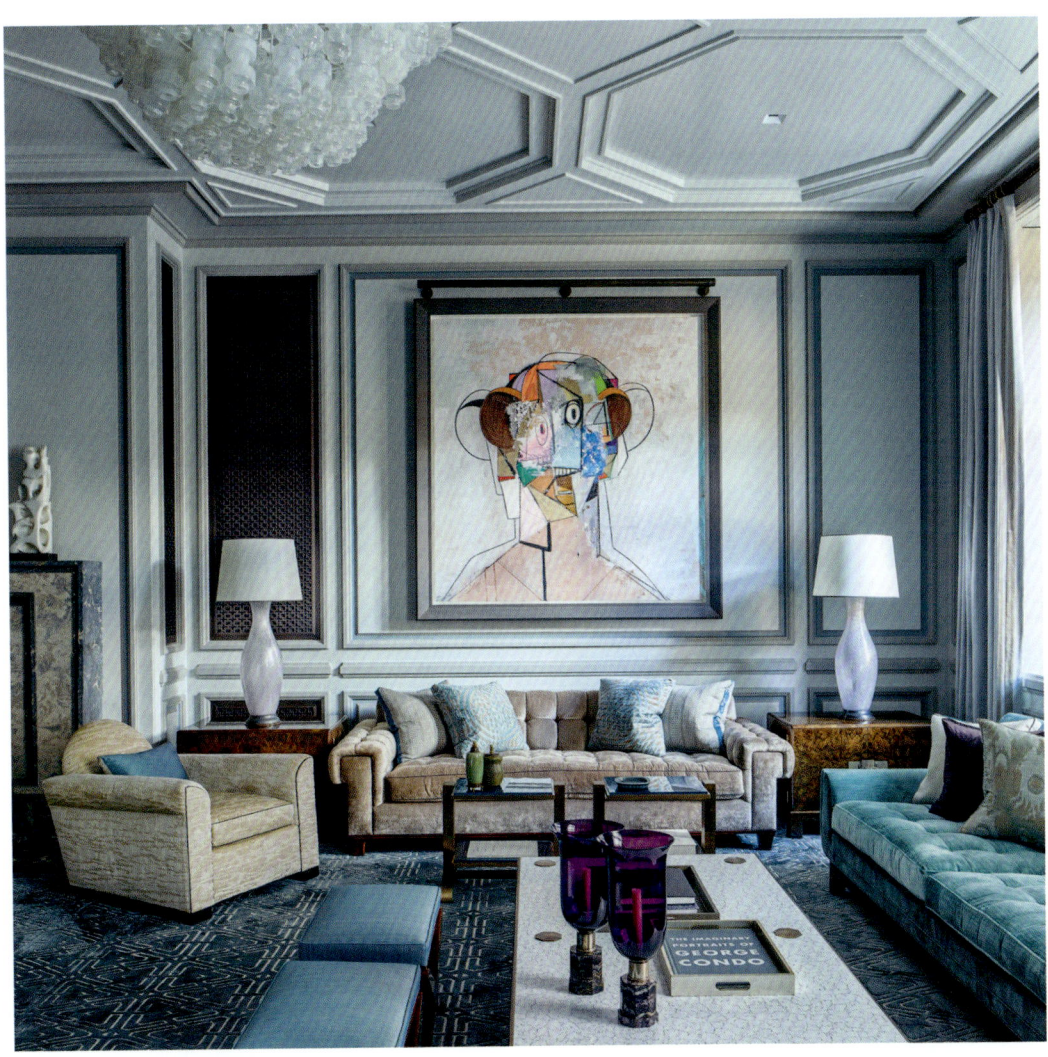

Recibidor, residencia — Franklin Lakes, Nueva Jersey, EE.UU. — 2013
Katie Ridder

Comedor, casa historicista — Chicago, Illinois, EE.UU. — 2019
Steven Gambrel, S.R. Gambrel (diseño de interiores); Liederbach & Graham (arquitectura)

Habitación familiar, residencia — Captiva Island, Florida, EE.UU. — 2008
Anthony Baratta

Sala de estar, Birch Castle — San Francisco, California, EE.UU. — 2014
Ken Fulk

Comedor, Birch Castle — San Francisco, California, EE.UU. — 2014
Ken Fulk

Sala de desayuno, residencia de Sarise y Stephen Dweck — Jersey Shore, Nueva Jersey, EE.UU. — 2008
Stephen Dweck

Sala de estar, residencia Macpherson — Miami, Florida, EE.UU. — 2019
Sawyer Berson

Comedor y cocina, residencia — Asolo, Italia — 2018
Michela Goldschmied

Sala de estar, casa en el lago — Sonoma, California, EE.UU. — 2018
Ken Fulk

Dormitorio, residencia en Fazenda Guariroba — Campinas, São Paulo, Brasil — 2015
Sig Bergamin

Despacho, casa adosada familiar — Chicago, Illinois, EE.UU. — 2016
Steven Gambrel, S.R. Gambrel (diseño de interiores); Liederbach & Graham (arquitectura)

Pasillo, casa de vacaciones — Bellville, Texas, EE.UU. — 2018
Redd Kaihoi

Despacho, residencia en Watch Hill — Westerly, Rhode Island, EE.UU. — 2018
Studio Giancarlo Valle

Despacho, casa adosada familiar — Chicago, Illinois, EE.UU. — 2016
Steven Gambrel, S.R. Gambrel (diseño de interiores); Liederbach & Graham (arquitectura)

Comedor, residencia Fredonia — Los Ángeles, California, EE.UU. — 2019
Nicolò Bini, LINE Architecture

Biblioteca, residencia — São Paulo, Brasil — 2017
Sig Bergamin

Sala de estar, residencia en Malvern — Melbourne, Victoria, Australia — 2019
Doherty Design Studio

Sala de estar, ático en Manhattan — Nueva York, Nueva York, EE.UU. — 2020
Hutton Wilkinson, Tony Duquette

Comedor, residencia en Park Avenue — Nueva York, Nueva York, EE.UU. — 2017
Frank de Biasi y Gene Meyer

Dormitorio, residencia en el Área de la Bahía — San Francisco, California, EE.UU. — 2017
Redd Kaihoi

Habitación familiar, residencia en Captiva Island — Captiva Island, Florida, EE.UU. — 2008
Anthony Baratta

Sala de estar, Maison Cascades — Saint-Saturnin-lès-Apt, Francia — 2004
Olivier Massart

Cuarto de baño, Casa Corbellini-Wassermann — Milán, Italia — 2019
Piero Portaluppi (diseño de interiores); Studio Binocle (restauración); Antonio Citterio (arquitectura)

Sala de estar y comedor, apartamento The Beldi Loft — Londres, Inglaterra, Reino Unido — 2018
Chan and Eayrs Architects

Sala jardín, casa de campo de estilo criollo — Nueva Orleans, Luisiana, EE.UU. — 2010
Carl Palasota

Cuarto de baño, Beaulieu — Newport, Rhode Island, EE.UU. — 1992
Valerian Rybar

Sala jardín, casa de campo de estilo criollo — Nueva Orleans, Luisiana, EE.UU. — 2010
Carl Palasota

Sala de estar, casa adosada en Park Slope — Brooklyn, Nueva York, EE.UU. — 2015
James Aguiar y Mark Haldeman

Sala de estar, The Ensworth — Nashville, Tennessee, EE.UU. — 2016
Clary Collection

Sala de estar, una casa para Bella — Londres, Inglaterra, Reino Unido — 2019
Retrouvius

Comedor, casa de exhibición de Kips Bay — Nueva York, Nueva York, EE.UU. — 2017
Ken Fulk

Sala de proyecciones, Villa Grigio — Palm Springs, California, EE.UU. — 2017
Martyn Lawrence Bullard

Sala de estar, Château de Montigny — Normandía, Francia — 1999
Andrew Allfree

Sala de estar, The Harrison — San Francisco, California, EE.UU. — 2016
Ken Fulk

Jardín, Casa Hopper — Los Ángeles, California, EE.UU. — 2018
Martyn Lawrence Bullard

Biblioteca, Château Fourcas Hosten — Burdeos, Francia — 2013
Michael Coorengel y Jean-Pierre Calvagrac

Sala de estar, Monkey Inferno — San Francisco, California, EE.UU. — 2014
Ken Fulk

Sala de estar, casa de campo en Arrowhead — Long Island, Nueva York, EE.UU. — 2000
James Morgan Topping

Dormitorio, residencia privada — Milán, Italia — 2017
Dimorestudio

Comedor, casa — Tokio, Japón — 2009
Mlinaric, Henry & Zervudachi (diseño de interiores); Kengo Kuma (arquitectura)

Sala de estar, Villa D — Marrakech, Marruecos — 2004
Studio KO

Comedor, Cypress Grove — San Francisco, California, EE.UU. — 2015
Ken Fulk

Sala de estar, residencia en Avalon Vista — Newport Coast, California, EE.UU. — 2012
Craig Higgins

Zona de recepción, Hotel Ett Hem — Estocolmo, Suecia — 2012
Studioilse

Sala de estar, The Audo — Copenhague, Dinamarca — 2019
Norm Architects

Bar, residencia urbana — San Francisco, California, EE.UU. — 2018
Martin Kobus, Kobus Interiors

Sala de estar, fábrica — San Antonio, Texas, EE.UU. — 2010
Gwynn Griffith

Dormitorio, casa de huéspedes toscana — Arezzo, Italia — 2012
Roberto Baciocchi

Dormitorio, Hotel Ett Hem — Estocolmo, Suecia — 2012
Studioilse

Sala de estar, residencia Renwick — Nueva York, Nueva York, EE.UU. — 2016
Eran Chen y Ryoko Okada, ODA

Bar, Casa del río Barwon — Melbourne, Victoria, Australia — 2017
Greg Natale

Estudio, casa adosada en Clinton Hill — Brooklyn, Nueva York, EE.UU. — 2015
Bespoke Only (diseño de interiores), Sarah Jacoby (arquitectura)

Despacho, residencia privada — Los Ángeles, California, EE.UU. — 2019
William Hefner

Sala de estar, residencia Alhadeff y Duzansky — Nueva York, Nueva York, EE.UU. — 2017
David Alhadeff, The Future Perfect

Dormitorio, Casa del río Barwon — Melbourne, Victoria, Australia — 2017
Greg Natale

Dormitorio, casa adosada en West Village — Nueva York, Nueva York, EE.UU. — 2013
Shawn Henderson Interior Design

Recibidor, riad en la medina — Tánger, Marruecos — 2007
Roberto Peregalli y Laura Sartori Rimini, Studio Peregalli

Sala de estar y comedor, *pied-à-terre* en Manhattan — Nueva York, Nueva York, EE.UU. — 2020
Sarah Jacoby Architect

Despacho, ático Tapestry — Londres, Inglaterra, Reino Unido — 2017
Faye Toogood

Sala de estar, residencia Beach Ryōsha — Del Mar, California, EE.UU. — 2020
Lucas Interior

Recibidor, casa Fitzroy — Melbourne, Victoria, Australia — 2016
Fiona Lynch Interior Design

Recibidor, residencia en Highline — Nueva York, Nueva York, EE.UU. — 2019
Charles Allem, C.A.D. International

218

DIRECTORIO
DE DISEÑADORES

222

DIRECTORIO
DE UBICACIONES

226

ÍNDICE

230

AGRADECIMIENTOS
CRÉDITOS FOTOGRÁFICOS

231

BIOGRAFÍAS

DIRECTORIO DE DISEÑADORES

A

Cindy Adams
98, apartamento en Park Avenue, Nueva York, EE.UU.

James Aguiar y Mark Haldeman
177, casa adosada en Park Slope, Brooklyn, EE.UU.

David Alhadeff
206, residencia Alhadeff y Duzansky, Nueva York, EE.UU.

Alidad
72, *pied-à-terre* parisino, París, Francia

Charles Allem
215, residencia en Highline, Nueva York, EE.UU.

Andrew Allfree
83, 182, Château de Montigny, Normandía, Francia

Michelle Andrews
21, casa junto al lago, Wayzata, EE.UU.

Atelier AM
132, apartamento en The Pierre, Nueva York, EE.UU.

B

Roberto Baciocchi
200, casa de huéspedes toscana, Arezzo, Italia

Anthony Baratta
142, 150, 168, residencia, Captiva Island, EE.UU.

Kelly Behun
114, residencia privada, Long Island, EE.UU.

Sig Bergamin
58, 157, residencia en Fazenda Guariroba, Campinas, Brasil
163, residencia, São Paulo, Brasil

Bespoke Only
204, casa adosada en Clinton Hill, Brooklyn, EE.UU.

Frank de Biasi y Gene Meyer
166, residencia en Park Avenue, Nueva York, EE.UU.

Bruce Bierman
128, *loft* en Chelsea, Nueva York, EE.UU.

Nicolò Bini
124, 162, residencia Fredonia, Los Ángeles, EE.UU.

Steve Blatz
18, 19, Art Dealer's Loft, Long Island City, EE.UU.

BNO Design
107, residencia en Wine Beach, Rockaway Park, EE.UU.

Piet Boon
25, casa adosada, Nueva York, EE.UU.

Christian Boros
34, ático en un búnker, Berlín, Alemania

Melissa Bowers
40, residencia Reflections, Nueva York, EE.UU.

Alessandra Branca
174, casa adosada, Chicago, EE.UU.

Muriel Brandolini
137, apartamento en el centro, Nueva York, EE.UU.

Patrice Breteau
117, 136, Le Palais Bulles, Théoule-sur-Mer, Francia

Thomas Britt
92, 93, *pied-à-terre*, San Francisco, EE.UU.

Liza Bruce y Nicholas Alvis Vega
102, 122, apartamento La Joya de Jaipur, Rajastán, India

Martyn Lawrence Bullard
38, residencia en Hidden Ridge, Hidden Hills, EE.UU.
181, Villa Grigio, Palm Springs, EE.UU.
185, casa Hopper, Los Ángeles, EE.UU.

Patricia Bustos Studio
106, apartamento Minimal Fantasy, Madrid, España

C

Thomas Callaway
87, casa de estilo colonial español, Los Ángeles, EE.UU.

Rafael de Cárdenas
30, residencia en Greenwich Village, Nueva York, EE.UU.
33, Belnord Apartments, Nueva York, EE.UU.

Hannah Cecil Gurney
119, residencia de Hannah Cecil Gurney, Londres, Reino Unido

Chan and Eayrs Architects
171, apartamento The Beldi Loft, Londres, Reino Unido

Eran Chen y Ryoko Okada
202, residencia Renwick, Nueva York, EE.UU.

Clary Collection
178, The Ensworth, Nashville, EE.UU.

Anthony Collett
56, casa, Londres, Reino Unido

Vincenzo de Cotiis
111, residencia privada, Milán, Italia

Michael Coorengel y Jean-Pierre Calvagrac
50, 144, 186, Château Fourcas Hosten, Burdeos, Francia

Robert Couturier
79, apartamento en la Quinta Avenida, Nueva York, EE.UU.

Cullman & Kravis
51, casa de campo, Nueva Jersey, EE.UU.

D

Studio Daminato
60, residencia MJ, ubicación no revelada
64, casa de la piscina, Villa Peduzzi, Lago de Como, Italia

Dekar Design
20, residencia en Peach Farm, East Hampton, EE.UU.

Barbara Dente
16, apartamento, Nueva York, EE.UU.

Benjamin Dhong
48, residencia, Woodside, EE.UU.

Dimorestudio
189, residencia privada, Milán, Italia

Joseph Dirand
27, residencia privada, Fráncfort, Alemania
28, apartamento en Avenue Montaigne, París, Francia

DLC-ID de la Cruz Interior Design
196, casa de artesano en California, Palo Alto, EE.UU.

Doherty Design Studio
99, residencia en St Kilda, Melbourne, Australia
164, residencia en Malvern, Melbourne, Australia

Mary Douglas Drysdale
45, casa de campo en Georgetown, Washington, EE.UU.

Stephen Dweck
90, 153, residencia de Sarise y Stephen Dweck, Jersey Shore, EE.UU.

Jenny Dyer
32, apartamento en Manhattan, Nueva York, EE.UU.

E

Jorge Elias
59, 80, residencia Elias, São Paulo, Brasil

Pedro Espírito Santo
47, residencia de Pedro Espírito Santo, Lisboa, Portugal

F

Tobi Fairley
141, residencia privada, Fayetteville, EE.UU.

Solveig Fernlund y Neil Logan
23, residencia en la calle Lafayette, Nueva York, EE.UU.

Carrie Fisher
126, hacienda, Los Ángeles, EE.UU.

Ken Fulk
67, residencia Sky High, Yellowstone, EE.UU.
69, residencia, Provincetown, EE.UU.
105, residencia privada, Cabo San Lucas, México
151, 152, Birch Castle, San Francisco, EE.UU.
156, casa en el lago, Sonoma, EE.UU.
180, casa de exhibición de Kips Bay, Nueva York, EE.UU.
184, The Harrison, San Francisco, EE.UU.
187, Monkey Inferno, San Francisco, EE.UU.
193, Cypress Grove, San Francisco, EE.UU.

Nicole Fuller
183, residencia en Central Park, Nueva York, EE.UU.

G

Fawn Galli
129, apartamento en Washington Square Park, Nueva York, EE.UU.

Steven Gambrel
89, 149, casa historicista, Chicago, EE.UU.
91, apartamento en Palmolive, Chicago, EE.UU.
125, apartamento en el Upper East Side, Nueva York, EE.UU.
127, casa de los Hamptons, Sag Harbor, EE.UU.
138, 139, casa adosada en West Village, Nueva York, EE.UU.
147, residencia en Greenwich Village, Nueva York, EE.UU.
158, 161, casa adosada familiar, Chicago, EE.UU.

Golden
22, residencia, Brighton, Australia

Michela Goldschmied
101, 155, residencia, Asolo, Italia

Gwynn Griffith
199, fábrica en San Antonio, San Antonio, EE.UU.

Grisanti & Cussen
70, Casa FOA, Santiago, Chile

H

William Hefner
205, residencia privada, Los Ángeles, EE.UU.

Shawn Henderson
208, casa adosada en West Village, Nueva York, EE.UU.

Craig Higgins
194, residencia en Avalon Vista, Newport Coast, EE.UU.

Laura Hodges
140, residencia en Chesapeake, Baltimore, EE.UU.

Suzy Hoodless
112, un hogar *slow design*,
Londres, Reino Unido

Andrew Howard
145, residencia Alhambra,
Jacksonville, EE.UU.

I

Anthony Ingrao
103, ático de Richard
y Lisa Perry, Nueva York,
EE.UU.

J

Sarah Jacoby
211, *pied-à-terre*
en Manhattan, Nueva
York, EE.UU.

Jay Jeffers
85, residencia privada,
Nueva York, EE.UU.

Betsey Johnson
52, residencia de
Betsey Johnson,
Malibú, EE.UU.

Tamsin Johnson
135, residencia en
Wallaroy Road,
Sídney, Australia

Christina Juarez
78, residencia Juarez
y Ploener, Nueva York,
EE.UU.

K

Suzanne Kasler
44, residencia en
Buckhead, Atlanta, EE.UU.

120, casa de exhibición
de Kips Bay, West Palm
Beach, EE.UU.

Martin Kobus
198, residencia urbana,
San Francisco, EE.UU.

Studio Kråkvik & D'Orazio
210, En casa, Oslo, Noruega

Kravitz Design en
colaboración con
Disco Volante
110, residencia Williams,
Beverly Hills, EE.UU.

L

Bennett Leifer
131, residencia,
Southampton, EE.UU.

LOT-EK
77, Irving Place Carriage
House, Brooklyn, EE.UU.

Lucas Interior
213, residencia Beach
Ryōsha, Del Mar, EE.UU.

Fiona Lynch
214, casa Fitzroy,
Melbourne, Australia

M

India Mahdavi
123, salón de exposición de
De Gournay, París, Francia

Peter Marino
71, refugio de esquí,
Montañas Rocosas,
EE.UU.

Olivier Massart
169, Maison Cascades,
Saint-Saturnin-lès-Apt,
Francia

Mlinaric, Henry
& Zervudachi
190, casa, Tokio, Japón

Janie Molster
81, residencia Molster,
Richmond, EE.UU.

Juan Pablo Molyneux
75, residencia en
Pebble Beach,
Monterey, EE.UU.

Juan Montoya
55, residencia, Cap Cana,
República Dominicana

Wesley Moon
35, residencia Xanadune,
Southampton, EE.UU.

N

Greg Natale
96, 97, apartamento
en Darlinghurst,
Sídney, Australia

203, 207, Casa del río
Barwon, Melbourne,
Australia

Norm Architects
197, The Audo,
Copenhague,
Dinamarca

P

Carl Palasota
172, 173, 176, casa de
campo de estilo criollo,
Nueva Orleans, EE.UU.

John Peixinho
66, The Old Red
Schoolhouse,
Middletown, EE.UU.

Roberto Peregalli y
Laura Sartori Rimini
62, apartamento en *hôtel
particulier*, París, Francia
209, riad en la medina,
Tánger, Marruecos

Thomas Pheasant
31, 42, apartamento en
Park Avenue, Nueva York,
EE.UU.

Eric Pike y Stefan Steil
133, residencia en West
Village, Nueva York, EE.UU.

Piero Portaluppi
170, Casa Corbellini-
Wassermann, Milán, Italia

Ann Pyne
43, 88, casa adosada,
Nueva York, EE.UU.
46, casa de campo,
Southampton, EE.UU.

R

Karim Rashid
104, ático en Chelsea,
residencia Rashid,
Nueva York, EE.UU.

Reath Design
86, residencia en Franklin Hills, Los Ángeles, EE.UU.

Redd Kaihoi
53, 94, residencia, Houston, EE.UU.
143, residencia en Nueva Jersey, Summit, EE.UU.
159, casa de vacaciones, Bellville, EE.UU.
167, residencia la Bahía, San Francisco, EE.UU.

Retrouvius
61, casa de campo en la ciudad, Londres, Reino Unido
179, una casa para Bella, Londres, Reino Unido

Richards Stanisich
109, casa en la playa, Sídney, Australia

Katie Ridder
148, residencia, Franklin Lakes, EE.UU.

Valerian Rybar
175, Beaulieu, Newport, EE.UU.

S

Achille Salvagni
95, atelier de Achille Salvagni, Londres, Reino Unido

Stephen Samuelson
84, 100, residencia de Trey Trust, Los Ángeles, EE.UU.

Laura Santos
76, casa adosada en Manhattan, Nueva York, EE.UU.

Sawyer Berson
154, residencia Macpherson, Miami, EE.UU.

Kathryn Scott
82, casa adosada en Brooklyn Heights, Brooklyn, EE.UU.

Pamela Shamshiri
65, casa Lechner, Los Ángeles, EE.UU.

SheltonMindel
41, residencia frente al mar en Miami Beach, Miami, EE.UU.

Kylee Shintaffer
192, chalet de esquí, Montana, EE.UU.

Stephen Sills
130, *saltbox*, Connecticut, EE.UU.

Mally Skok
116, residencia Skok, Lincoln, EE.UU.

Snarkitecture
26, estudio, Brooklyn, EE.UU.
68, residencia de Daniel Arsham, Long Island, EE.UU.

Sara Story
39, residencia en Bel Air, Los Ángeles, EE.UU.

Studioilse
37, Palau de Casavells, Galería Miquel Azueta, Baix Empordà, Girona, España
195, 201, Hotel Ett Hem, Estocolmo, Suecia

Studio KO
191, Villa D, Marrakech, Marruecos

T

David Thulstrup
36, residencia en Vester Voldgade, Copenhague, Dinamarca
115, casa de Peter, Copenhague, Dinamarca

Faye Toogood
29, residencia en North Hill, Londres, Reino Unido
212, ático Tapestry, Londres, Reino Unido

James Morgan Topping
188, casa de campo en Arrowhead, Long Island, EE.UU.

Michael Trapp
54, granja, Sharon, EE.UU.

V

Giancarlo Valle
160, residencia en Watch Hill, Westerly, EE.UU.

Alberto Villalobos
74, residencia Arnell, Katonah, EE.UU.

Dita von Teese
24, 118, residencia von Teese, Los Ángeles, EE.UU.

W

Kelly Wearstler
49, 63, residencia, Malibú, EE.UU.
57, residencia Bellagio, Los Ángeles, EE.UU.
73, residencia en avenida Madison, Nueva York, EE.UU.

Ashley Whittaker
113, casa adosada en el Upper East Side, Nueva York, EE.UU.

Hutton Wilkinson, Tony Duquette
165, ático en Manhattan, Nueva York, EE.UU.

Bunny Williams
108, 134, residencia, Palm Beach, EE.UU.
121, 146, residencia, Southampton, EE.UU.

Workshop/APD
17, ático panorámico, Nueva York, EE.UU.

DIRECTORIO DE UBICACIONES

ALEMANIA

Christian Boros
34, ático en un
búnker, Berlín

Joseph Dirand
27, residencia privada,
Fráncfort

AUSTRALIA

Doherty Design Studio
99, residencia en
St Kilda, Melbourne
164, residencia en Malvern,
Melbourne

Golden
22, residencia, Brighton

Tamsin Johnson
135, residencia en Wallaroy
Road, Sídney

Fiona Lynch
214, casa Fitzroy,
Melbourne

Greg Natale
96, 97, apartamento en
Darlinghurst, Sídney
203, 207, Casa del río
Barwon, Melbourne

Richards Stanisich
109, casa en la playa,
Sídney

BRASIL

Sig Bergamin
58, 157, residencia en
Fazenda Guariroba,
Campinas
163, residencia, São Paulo

Jorge Elias
59, 80, residencia
Elias, São Paulo

CHILE

Grisanti & Cussen
70, Casa FOA, Santiago

DINAMARCA

Norm Architects
197, The Audo,
Copenhague

Studio David Thulstrup
36, residencia en Vester
Voldgade, Copenhague
115, casa de Peter,
Copenhague

ESTADOS UNIDOS

Cindy Adams
98, apartamento en
Park Avenue, Nueva York

**James Aguiar y
Mark Haldeman**
177, casa adosada en
Park Slope, Brooklyn

David Alhadeff
206, residencia Alhadeff
y Duzansky, Nueva York

Charles Allem
215, residencia en
Highline, Nueva York

Michelle Andrews
21, casa junto al lago,
Wayzata

Atelier AM
132, apartamento en
The Pierre, Nueva York

Anthony Baratta
142, 150, 168, residencia,
Captiva Island

Kelly Behun
114, residencia privada,
Long Island

Sawyer Berson
154, residencia
Macpherson, Miami

Bespoke Only
204, casa adosada en
Clinton Hill, Brooklyn

**Frank de Biasi y
Gene Meyer**
166, residencia en Park
Avenue, Nueva York

Bruce Bierman
128, *loft* en Chelsea,
Nueva York

Nicolò Bini
124, 162, residencia
Fredonia, Los Ángeles

Steve Blatz
18, 19, Art Dealer's Loft,
Long Island City

BNO Design
107, residencia en Wine
Beach, Rockaway Park

Piet Boon
25, casa adosada,
Nueva York

Melissa Bowers
40, residencia Reflections,
Nueva York

Alessandra Branca
174, casa adosada,
Chicago

Muriel Brandolini
137, apartamento en
el centro, Nueva York

Thomas Britt
92, 93, *pied-à-terre*,
San Francisco

Martyn Lawrence Bullard
38, residencia en Hidden
Ridge, Hidden Hills
181, Villa Grigio,
Palm Springs
185, Casa Hopper,
Los Ángeles

Thomas Callaway
87, casa de estilo colonial
español, Los Ángeles

Rafael de Cárdenas
30, residencia en
Greenwich Village,
Nueva York
33, Belnord Apartments,
Nueva York

Eran Chen y Ryoko Okada
202, residencia Renwick,
Nueva York

Clary Collection
178, The Ensworth, Nashville

Robert Couturier
79, apartamento en
la Quinta Avenida,
Nueva York

Cullman & Kravis
51, casa de campo, Nueva Jersey

Dekar Design
20, residencia en Peach Farm, East Hampton

Barbara Dente
16, apartamento, Nueva York

Benjamin Dhong
48, residencia, Woodside

DLC-ID de la Cruz Interior Design
196, casa de artesano en California, Palo Alto

Mary Douglas Drysdale
45, casa de campo en Georgetown, Washington

Stephen Dweck
90, 153, residencia de Sarise y Stephen Dweck, Jersey Shore

Jenny Dyer
32, apartamento en Manhattan, Nueva York

Tobi Fairley
141, residencia privada, Fayetteville

Solveig Fernlund y Neil Logan
23, residencia en la calle Lafayette, Nueva York

Carrie Fisher
126, hacienda, Los Ángeles

Ken Fulk
67, residencia Sky High, Yellowstone
69, residencia, Provincetown
151, 152, Birch Castle, San Francisco
156, casa en el lago, Sonoma
180, casa de exhibición de Kips Bay, Nueva York
184, The Harrison, San Francisco
187, Monkey Inferno, San Francisco
193, Cypress Grove, San Francisco

Nicole Fuller
183, residencia en Central Park, Nueva York

Fawn Galli
129, apartamento en Washington Square Park, Nueva York

Steven Gambrel
89, 149, casa historicista, Chicago
91, apartamento en Palmolive, Chicago
125, apartamento en el Upper East Side, Nueva York
127, casa de los Hamptons, Sag Harbor
138, 139, casa adosada en West Village, Nueva York
147, residencia en Greenwich Village, Nueva York
158, 161, casa adosada familiar, Chicago

Gwynn Griffith
199, fábrica, San Antonio

William Hefner
205, residencia privada, Los Ángeles

Shawn Henderson
208, casa adosada en West Village, Nueva York

Craig Higgins
194, residencia en Avalon Vista, Newport Coast

Laura Hodges
140, residencia en Chesapeake, Baltimore

Andrew Howard
145, residencia Alhambra, Jacksonville

Anthony Ingrao
103, ático de Richard y Lisa Perry, Nueva York

Sarah Jacoby
211, pied-à-terre en Manhattan, Nueva York

Jay Jeffers
85, residencia privada, Nueva York

Betsey Johnson
52, residencia de Betsey Johnson, Malibú

Christina Juarez
78, residencia de Juarez y Ploener, Nueva York

Suzanne Kasler
44, residencia en Buckhead, Atlanta
120, casa de exhibición de Kips Bay, West Palm Beach

Martin Kobus
198, residencia urbana, San Francisco

Kravitz Design en colaboración con Disco Volante
110, residencia Williams, Beverly Hills

Bennett Leifer
131, residencia, Southampton

LOT-EK
77, Irving Place Carriage House, Brooklyn

Lucas Interior
213, residencia Beach Ryōsha, Del Mar

Peter Marino
71, refugio de esquí, Montañas Rocosas

Janie Molster
81, residencia Molster, Richmond

Juan Pablo Molyneux
75, residencia en Pebble Beach, Monterey

Wesley Moon
35, residencia Xanadune, Southampton

Carl Palasota
172, 173, 176, casa de campo de estilo criollo, Nueva Orleans

John Peixinho
66, The Old Red Schoolhouse, Middletown

Thomas Pheasant
31, 42, residencia en Park Avenue, Nueva York

Eric Pike y Stefan Steil
133, residencia en West Village, Nueva York

Ann Pyne
43, casa adosada, Nueva York
46, casa de campo, Southampton
88, casa adosada, Nueva York

Karim Rashid
104, *loft* en Chelsea, residencia Rashid, Nueva York

Reath Design
86, residencia en Franklin Hills, Los Ángeles

Redd Kaihoi
53, 94, residencia, Houston
143, residencia en Nueva Jersey, Summit
159, casa de vacaciones, Bellville
167, residencia en el Área de la Bahía, San Francisco

Katie Ridder
148, residencia, Franklin Lakes

Valerian Rybar
175, Beaulieu, Newport

Stephen Samuelson
84, 100, residencia de Trey Trust, Los Ángeles

Laura Santos
76, casa adosada en Manhattan, Nueva York

Kathryn Scott
82, casa adosada en Brooklyn Heights, Brooklyn

Pamela Shamshiri
65, casa Lechner, Los Ángeles

Kylee Shintaffer
192, chalet de esquí, Montana

Mally Skok
116, residencia Skok, Lincoln

SheltonMindel
41, residencia frente al mar, Miami Beach

Stephen Sills
130, *saltbox*, Connecticut

Snarkitecture
26, estudio, Brooklyn

68, residencia de Daniel Arsham, Long Island

Sara Story
39, residencia en Bel Air, Los Ángeles

James Morgan Topping
188, casa de campo en Arrowhead, Long Island

Michael Trapp
54, granja, Sharon

Giancarlo Valle
160, residencia en Watch Hill, Westerly

Dita von Teese
24, 118, residencia von Teese, Los Ángeles

Alberto Villalobos
74, residencia Arnell, Katonah

Kelly Wearstler
49, 63, residencia, Malibú
57, residencia Bellagio, Los Ángeles
73, residencia en avenida Madison, Nueva York

Ashley Whittaker
113, casa adosada en el Upper East Side, Nueva York

Bunny Williams
108, 134, residencia, Palm Beach
121, 146, residencia, Southampton

Hutton Wilkinson, Tony Duquette
165, ático en Manhattan, Nueva York

Workshop/APD
17, ático panorámico, Nueva York

ESPAÑA

Patricia Bustos Studio
106, apartamento Minimal Fantasy, Madrid

Studioilse
37, Palau de Casavells, Galería Miquel Azueta, Baix Empordà

FRANCIA

Alidad
72, *pied-à-terre* parisino, París

Andrew Allfree
83, 182, Château de Montigny, Normandía

Patrice Breteau
117, 136, Le Palais Bulles, Théoule-sur-Mer

Michael Coorengel y Jean-Pierre Calvagrac
50, 144, 186, Château Fourcas Hosten, Burdeos

Joseph Dirand
28, apartamento en Avenue Montaigne, París

Roberto Peregalli y Laura Sartori Rimini
62, apartamento en *hôtel particulier*, París

India Mahdavi
123, salón de exposición
de De Gournay, París

Olivier Massart
169, Maison Cascades,
Saint-Saturnin-lès-Apt

INDIA

Liza Bruce y
Nicholas Alvis Vega
102, 122, apartamento
La Joya de Jaipur,
Rajastán

ITALIA

Roberto Baciocchi
200, casa de huéspedes
toscana, Arezzo

Vincenzo de Cotiis
111, residencia privada,
Milán

Studio Daminato
64, casa de la piscina,
Villa Peduzzi, Lago
de Como

Dimorestudio
189, residencia privada,
Milán

Michela Goldschmied
101, 155, residencia,
Asolo

Piero Portaluppi
170, casa Corbellini-
Wassermann, Milán

JAPÓN

Mlinaric, Henry
& Zervudachi
190, casa, Tokio

MÉXICO

Ken Fulk
105, residencia privada,
Cabo San Lucas

MARRUECOS

Studio KO
191, Villa D, Marrakech

Roberto Peregalli
y Laura Sartori Rimini
209, riad en la medina,
Tánger

NO REVELADA

Studio Daminato
60, residencia MJ

NORUEGA

Studio Kråkvik & D'Orazio
210, En casa, Oslo

PORTUGAL

Pedro Espírito Santo
47, residencia de Pedro
Espírito Santo, Lisboa

REINO UNIDO

Hannah Cecil Gurney
119, residencia de
Hannah Cecil
Gurney, Londres

Chan and Eayrs Architects
171, apartamento
The Beldi Loft,
Londres

Anthony Collett
56, casa, Londres

Suzy Hoodless
112, un hogar *slow design*,
Londres

Retrouvius
61, casa de campo
en la ciudad, Londres
179, una casa para
Bella, Londres

Achille Salvagni
95, atelier de Achille
Salvagni, Londres

Faye Toogood
29, residencia en
North Hill, Londres
212, ático Tapestry,
Londres

REPÚBLICA
DOMINICANA

Juan Montoya
55, residencia, Cap Cana

SUECIA

Studioilse
195, 201, Hotel Ett Hem,
Estocolmo

ÍNDICE

A
Adams, Cindy 98
Aguiar, James 177
Albers, Josef 7, 9
Alhadeff, David 206
Alidad 72
Allem, Charles 215
Allfree, Andrew 83, 182
Andrew Howard Interior Design 145
Andrews, Michelle 21
Apartamento en Avenue Montaigne, París 28
Apartamento en Darlinghurst, Sídney 96, 97
Apartamento en el centro, Nueva York 137
Apartamento en el Upper East Side, Nueva York 125
Apartamento en *hôtel particulier*, París 62
Apartamento en la Quinta Avenida, Nueva York 79
Apartamento en Manhattan, Nueva York 32
Apartamento en Nueva York 16
Apartamento en Palmolive, Chicago 91
Apartamento en Park Avenue, Nueva York 31, 42, 98
Apartamento en The Pierre, Nueva York 132
Apartamento en Washington Square Park, Nueva York 129
Apartamento La Joya de Jaipur, Rajastán 102, 122
Apartamento Minimal Fantasy, Madrid 106
Apartamento privado, salón de exposición de De Gournay, París 123
Apartamento The Beldi Loft, Londres 171
Arcologica Architecture 125
Aristóteles 7
Art Dealer's Loft, Long Island City 18, 19
Ashley Whittaker Design 113
Atelier AM 132
Atelier de Achille Salvagni, Londres 95
Ático de Richard y Lisa Perry, Nueva York 103
Ático en Chelsea, Nueva York 128
Ático en Chelsea, residencia Rashid, Nueva York 104
Ático en Manhattan, Nueva York 165
Ático en un búnker, Berlín 34
Ático panorámico, Nueva York 17
Ático Tapestry, Londres 212

B
Babilonios 10
Baciocchi, Roberto 200
Baratta, Anthony 142, 150, 168
Beaulieu, Newport 175
Behun, Kelly 114
Belnord Apartments, Nueva York 33
Bennett Leifer Interiors 131
Bergamin, Sig
  Residencia en Fazenda Guariroba 58, 157
  Residencia en São Paulo 163
Berson, Sawyer 114, 154
Bespoke Only 204
Biasi, Frank de 166
Bini, Nicolò 124, 162
Birch Castle, San Francisco 151, 152
Blatz, Steve 18, 19
BNO Design 107
Boros, Christian 34
Bowers, M.A. 40
Branca, Alessandra 174
Brandolini, Muriel 137
Breteau, Patrice 117, 136
Britt, Thomas 92, 93
Bruce, Liza 102, 122
Bruce Bierman Design 128
Bullard, Martyn Lawrence
  Casa Hopper 185
  Residencia en Hidden Ridge 38
  Villa Grigio 181

C
C.A.D. International 215
Callaway, Thomas 87
Calvagrac, Jean-Pierre 50, 144, 186
Cárdenas, Rafael de 30, 33
Casa adosada, Chicago 174
Casa adosada, Nueva York 25
Casa adosada en Brooklyn Heights 82
Casa adosada en Clinton Hill, Brooklyn 204
Casa adosada en el Upper East Side, Nueva York 113
Casa adosada en Manhattan, Nueva York 76
Casa adosada, Nueva York 43, 88
Casa adosada en Park Slope, Brooklyn 177
Casa adosada en West Village, Nueva York 138, 139, 208
Casa adosada familiar, Chicago 158, 161
Casa Corbellini-Wassermann, Milán 170
Casa de artesano en California, Palo Alto 196
Casa de campo Arrowhead, Long Island 188
Casa de campo de estilo criollo, Nueva Orleans 172, 173, 176
Casa de campo en Georgetown, Washington 45
Casa de campo en Nueva Jersey 51
Casa de campo en Southampton 46
Casa de estilo colonial español, Los Ángeles 87
Casa de exhibición de Kips Bay, Nueva York 180
Casa de exhibición de Kips Bay, West Palm Beach 120
Casa de invitados Toscana, Arezzo 200
Casa de la piscina, Villa Peduzzi, Lago de Como 64
Casa de los Hamptons, Sag Harbor 127
Casa de Peter, Copenhague 115
Casa de vacaciones, Bellville 159
Casa del río Barwon, Melbourne 203, 207
Casa en el lago, Sonoma 156

Casa en la playa,
　Sídney 109
Casa en Londres 56
Casa en Tokio 190
Casa Fitzroy,
　Melbourne 214
Casa FOA, Santiago 70
Casa historicista,
　Chicago 89, 149
Casa Hopper, Los
　Ángeles 185
Casa junto al lago,
　Wayzata 21
Casa Lechner,
　Los Ángeles 65
Chalet de esquí,
　Montana 192
Chan and Eayrs
　Architects 171
Château de Montigny,
　Normandía 83, 182
Château Fourcas
　Hosten, Burdeos
　50, 144, 186
Chen, Eran 202
Christina Juarez
　and Company 78
CIE (Comisión
　Internacional de
　la Iluminación) 9
Citterio, Antonio 170
Clary Collection 178
Collett, Anthony 56
Condesa, Ciudad
　de México 13
Coorengel, Michael 50,
　144, 186
Cotiis, Vincenzo de 111
Couturier, Robert 79
Cullman & Kravis 51
Cypress Grove, San
　Francisco 193

D
Darwin, Charles 12
Dekar Design 20

Dente, Barbara 16
Dhong, Benjamin 48
Diebenkorn, Richard 8
Dimorestudio 189
Dirand, Joseph 27, 28
Disco Volante 110
DLC-ID de la Cruz
　Interior Design 196
Doherty Design Studio
　99, 164
Drysdale, Mary
　Douglas 45
Duquette, Tony 165
Dweck, Stephen 90, 153
Dyer, Jenny 32

E
Egipcios, antiguos 10
Elias, Jorge 59, 80
En casa, Oslo 210
Espírito Santo, Pedro 47
Estudio, Brooklyn 26

F
Fábrica en San
　Antonio 199
Fawn Galli Interiors 129
Fernlund, Solveig 23
Fiona Lynch Interior
　Design 214
Fisher, Carrie 126
Freud, Lucian 8
Frey, Pierre 13
Fulk, Ken
　Birch Castle 151, 152
　Casa de exhibición
　de Kips Bay 180
　Casa en el lago 156
　Cypress Grove 193
　Monkey Inferno 187
　Residencia,
　Provincetown 69
　Residencia privada,
　Cabo San Lucas 105
　Residencia Sky High 67
　The Harrison 184

G
Gambrel, Steven
　Apartamento en el
　Upper East Side 125
　Apartamento en
　Palmolive 91
　Casa adosada en
　West Village 138, 139
　Casa adosada familiar,
　Chicago 158, 161
　Casa de los
　Hamptons 127
　Casa historicista 89, 149
　Residencia en
　Greenwich Village 147
Gauguin, Paul 9
Goethe, Johann
　Wolfgang von 7-8
Golden 22
Goldschmied, Michela
　101, 155
Granja, Sharon 54
Griegos 10
Griffith, Gwynn 199
Grisanti & Cussen 70
Gurney, Hannah Cecil 119

H
Hacienda, Los Ángeles 126
Haldeman, Mark 177
Hefner, William 205
Higgins, Craig 194
Hoodless, Suzy 112
Hotel Ett Hem,
　Estocolmo 195, 201

I
Ingrao, Anthony 103
Irving Place Carriage
　House, Brooklyn 77

J
J. P. Molyneux Studio 75
Jacoby, Sarah 204
James Morgan Topping 188
Jeffers, Jay 85

Jessup, HS 147
Johnson, Betsey 52
Johnson, Tamsin 135
Juan Montoya Design 55
Juarez, Christina 78
Jung, Carl Gustav 8

K
Kathryn Scott Design
　Studio 82
Kobus, Martin 198
Kobus Interiors 198
Kravitz Design 110
Kuma, Kengo 190

L
Laura Hodges Studio 140
Laura Santos Interiors 76
Le Corbusier 10
Le Palais Bulles,
　Théoule-sur-Mer
　117, 136
Léger, Fernand 6
Liederbach & Graham
　Apartamento en
　Palmolive 91
　Casa adosada familiar,
　Chicago 158, 161
　Casa historicista 89, 149
LINE Architecture 124, 162
Logan, Neil 23
LOT-EK 77
Lovag, Antti 117, 136
Lucas Interior 213
Lüscher, Max 8
Lynch, David 13

M
Mahdavi, India 12-13, 123
Maison Cascades, Saint-
　Saturnin-lès-Apt 169
Mally Skok Design 116
Marino, Peter 71
María Antonieta 10
Massart, Olivier 169
Mayas 10

Mazouz, Mourad 13
McMillen
    Casa adosada en Nueva York 43, 88
    Casa de campo, Southampton 46
Meyer, Gene 166
Mlinaric, Henry & Zervudachi 190
Molster, Janie 81
Mondrian, Piet 8
Monkey Inferno, San Francisco 187
Moon, Wesley 35
Munsell, A. H. 9
Mériguet-Carrère 13

N
Natale, Greg
    Apartamento en Darlinghurst 96, 97
    Casa del río Barwon 203, 207
Newton, Isaac 7
Nicole Fuller Interiors 183
Norm Architects 197

O
ODA 202
Okada, Ryoko 202

P
Palasota, Carl 172, 173, 176
Palau de Casavelis, Galería Miquel Azueta, Baix Empordá 37
Patricia Bustos Studio 106
Paul, Stella 6–11
Peixinho, John 66
Peregalli, Roberto 62, 209
Pied-à-terre en Manhattan, Nueva York 211
Pied-à-terre parisino, París 72
Pied-à-terre, San Francisco 92, 93
Pike, Eric 133
Pirahã 9
Plan A Architecture 84, 100
Pompeya 10, 11
Portaluppi, Piero 170
Pyne, Ann
    Casa adosada, Nueva York 43, 88
    Casa de campo, Southampton 46

R
Rashid, Karim 104
Reath Design 86
Redd Kaihoi
    Casa de vacaciones, Bellville 159
    Residencia en el Área de la Bahía 167
    Residencia en Houston 53, 94
    Residencia en Nueva Jersey 143
    Refugio de esquí, Montañas Rocosas 71
Renacimiento en Europa 10
Residencia Alhadeff y Duzansky, Nueva York 206
Residencia Alhambra, Jacksonville 145
Residencia Arnell, Katonah 74
Residencia Beach Ryōsha, Del Mar 213
Residencia Bellagio, Los Ángeles 57
Residencia de Betsey Johnson, Malibú 52
Residencia de Daniel Arsham, Long Island 68
Residencia de Hannah Cecil Gurney, Londres 119
Residencia de Pedro Espírito Santo, Lisboa 47
Residencia de Sarise y Stephen Dweck, Jersey Shore 90, 153
Residencia de Trey Trust, Los Ángeles 84, 100
Residencia Elias, São Paulo 59, 80
Residencia en Asolo 101, 155
Residencia en Avalon Vista, Newport Coast 194
Residencia en avenida Madison, Nueva York 73
Residencia en Bel Air, Los Ángeles 39
Residencia en Brighton 22
Residencia en Buckhead, Atlanta 44
Residencia en Cap Cana 55
Residencia en Captiva Island 142, 150, 168
Residencia en Chesapeake, Baltimore 140
Residencia en el Área de la Bahía, San Francisco 167
Residencia en Fazenda Guariroba, Campinas 58, 157
Residencia en Franklin Hills, Los Ángeles 86
Residencia en Franklin Lakes 148
Residencia en Greenwich Village, Nueva York 30, 147
Residencia en Hidden Ridge 38
Residencia en Highline, Nueva York 215
Residencia en Houston 53, 94
Residencia en la calle Lafayette, Nueva York 23
Residencia en Malibú 49, 63
Residencia en Malvern, Melbourne 164
Residencia en North Hill, Londres 29
Residencia en Nueva Jersey, Summit 143
Residencia en Palm Beach 108, 134
Residencia en Park Avenue, Nueva York 166
Residencia en Peach Farm, East Hampton 20
Residencia en Pebble Beach, Monterey 75
Residencia en Provincetown 69
Residencia en São Paulo 163
Residencia en Southampton 121, 131, 146
Residencia en St. Kilda, Melbourne 99
Residencia en Vester Voldgade, Copenhague 36
Residencia en Wallaroy Road, Sídney 135
Residencia en Watch Hill, Westerly 160
Residencia en West Village, Nueva York 133
Residencia en Wine Beach, Rockaway Park 107
Residencia, Woodside 48
Residencia Fredonia, Los Ángeles 124, 162

Residencia frente al mar
    en Miami Beach *41*
Residencia Juarez y
    Ploener, Nueva York *78*
Residencia Macpherson,
    Miami *154*
Residencia MJ *60*
Residencia Molster,
    Richmond *81*
Residencia privada,
    Cabo San Lucas *105*
Residencia privada,
    Fayetteville *141*
Residencia privada,
    Fráncfort *27*
Residencia privada,
    Long Island *114*
Residencia privada,
    Los Ángeles *205*
Residencia privada,
    Milán *111, 189*
Residencia privada,
    Nueva York *85*
Residencia Reflections,
    Nueva York *40*
Residencia Renwick,
    Nueva York *202*
Residencia Skok,
    Lincoln *116*
Residencia Sky High,
    Yellowstone *67*
Residencia urbana,
    San Francisco *198*
Residencia von Teese,
    Los Ángeles *24, 118*
Residencia Williams,
    Beverly Hills *110*
Residencia Xanadune,
    Southampton *35*
Residencia en Central
    Park, Nueva York *183*
Retrouvius *61, 179*
Riad en la medina,
    Tánger *209*
Richards Stanisich *109*
Ridder, Katie *148*

Rimini, Laura Sartori
    62, 209
Romanos *10, 11*
Rybar, Valerian *175*

S
S.R. Gambrel
    Apartamento en el
    Upper East Side *125*
    Apartamento
    en Palmolive *91*
    Casa adosada en
    West Village *138, 139*
    Casa adosada familiar,
    Chicago *158, 161*
    Casa de los
    Hamptons *127*
    Casa historicista
    89, 149
    Residencia en
    Greenwich Village *147*
Saltbox, Connecticut *130*
Salvagni, Achille *95*
Samuelson, Stephen
    84, 100
Sarah Jacoby Architect *211*
Sara Story Design *39*
Shamshiri, Pamela *65*
Shawn Henderson
    Interior Design *208*
SheltonMindel *41*
Shintaffer, Kylee *192*
Sketch *13*
Snarkitecture *26, 68*
Steil, Stefan *133*
Stein, Gertrude *10*
Stephen Sills
    Associates *130*
Studio Binocle *170*
Studio Daminato *60, 64*
Studio David Thulstrup
    36, 115
Studio Giancarlo Valle *160*
Studio KO *191*
Studio Kråkvik
    & D'Orazio *210*

Studio Peregalli *62, 209*
Studio Piet Boon *25*
Studioilse
    Hotel Ett Hem *195, 201*
    Palau de Casavelis,
    Galería Miquel
    Azueta *37*
Suzanne Kasler
    Interiors *44, 120*

T
The Audo,
    Copenhage *197*
The Ensworth,
    Nashville *178*
The Future Perfect *206*
The Harrison, San
    Francisco *184*
The Old Red
    Schoolhouse,
    Middletown *66*
Thomas Pheasant
    Studio *31, 42*
Tobi Fairley Interior
    Design *141*
Toogood, Faye *29, 212*
Trapp, Michael *54*

U
Una casa de campo
    en la ciudad,
    Londres *61*
Una casa para Bella,
    Londres *179*
Un hogar *slow design*,
    Londres *112*

V
Vega, Nicholas Alvis
    102, 122
Villa D, Marrakech *191*
Villa Grigio, Palm
    Springs *181*
Villalobos, Alberto *74*
von Teese, Dita *24, 118*

W
Wearstler, Kelly
    Residencia Bellagio *57*
    Residencia en la
    avenida Madison *73*
    Residencia en Malibú
    49, 63
Wilkinson, Hutton *165*
Williams, Bunny
    Residencia, Palm
    Beach *108, 134*
    Residencia,
    Southampton *121, 146*
Workshop/APD *17*

AGRADECIMIENTOS Y CRÉDITOS FOTOGRÁFICOS

AGRADECIMIENTOS

La editorial desea agradecer la inestimable aportación de las siguientes personas, sin cuya colaboración este libro no habría sido posible: Tim Balaam, Clive Burroughs, Hélène Gallois Montbrun Julia Hasting, Melissa LeBoeuf, India Mahdavi, João Mota, Anthony Naughton, Celeste Ollivier, Stella Paul, Holly Pollard, Kate Sclater, Kim Scott, Hans Strofregen, Anthony Tran y Vanessa Bird.

CRÉDITOS FOTOGRÁFICOS

Nota: en la página 205, en la casa del fundador de Galerie Provenance, la obra que aparece sobre la chimenea es una litografía de 1937 del artista Benjamin Abramowitz.

© Peter Aaron/OTTO: 103; © Brittany Ambridge/OTTO: 20; fotografía de Irina Boersma, cortesía de David Thulstrup: 36; fotografía de Henry Bourne, cortesía de Toogood: 29; Dave Brook: 112; Sharyn Cairns: 22, 214; Pascal Chevallier: 62; Justin Coit/Trunk Archive: 52; © Ty Cole/OTTO: 204, 211; © Roger Davies/OTTO: 39, 57, 59, 71, 75, 80, 82, 84, 92, 93, 100, 194; Adrian Dirand: 27; Mark Durling: 63; Tom Fallon: 61; Andrea Ferrari: 189; Joe Fletcher: 60; © Floto+Warner/OTTO: 26, 30, 40, 154; Albert Font: 37; Don Freeman/Trunk Archive: 188; Douglas Friedman: 119; Douglas Friedman/Trunk Archive: 21, 25, 38, 44, 67, 69, 105, 120, 151, 152, 156, 175, 180, 181, 184, 185, 187, 193, 196, 198, 213; fotografía de Felix Forest, cortesía de Richards Stanisich: 109; Alfredo Gildemeister: 70; Tobias Harvey: 212; Laure Joliet Photography: 86; Dean Kaufman/Trunk Archive: 23, 107; © Stephen Kent Johnson/OTTO: 98, 116, 132, 133, 160, 166, 177, 200, 205; © Max Kim-Bee/OTTO: 31, 42, 113; © Nikolas Koenig/OTTO: 16, 18, 19, 76; fotografía de Peter Krasilnikoff, cortesía de David Thulstrup: 115; Francesco Lagnese: 108, 134; © Francesco Lagnese/OTTO: 141, 165; Massimo Listri: 209; Thomas Loof/Trunk Archive: 34, 53, 66, 94, 117, 136, 143, 169; Spencer Lowell/Trunk Archive: 65; Mark Luscombe-Whyte/The Interior Archive: 56; Magnus Marding/Trunk Archive: 195, 201, 210; JC de Marcos @jcdemarcos: 106; © Michael Moran: 41; © Martin Morrell/OTTO: 28, 171; Nobuaki Nakagawa: 190; fotografía de Helen Norman: 140; © Frank Oudeman/OTTO: 202, 215; Skye Parrott/Trunk Archive: 178; fotografía de Paolo Petrignani, cortesía de Achille Salvagni Atelier: 95; Eric Piasecki: 73; © Eric Piasecki/OTTO: 51, 54, 55, 74, 78, 89, 91, 125, 127, 128, 138, 139, 147, 148, 149, 158, 161, 172, 173, 176, 192, 208; Rebecca Reid: 123; Coliena Rentmeester/Trunk Archive: 49; © Lisa Romerein/OTTO: 48, 87; Stefano Scata/The Interior Archive: 101, 155; Annie Schlechter/The Interior Archive: 77; Joe Schmelzer/Trunk Archive: 126; Jason Schmidt/Trunk Archive: 68, 142, 150, 168; Fritz von der Schulenberg: 121, 146; © Michael Sinclair: 179; Delfino Sisto Legnani y Marco Cappelletti: 170; fotografía de Anson Smart, cortesía de Tamsin Johnson: 135; fotografía de Anson Smart, cortesía de Greg Natale: 96, 97, 203, 207; Monica Steffensen: 197; Derek Swalwell: 99, 164; Martyn Thompson/Trunk Archive: 206; © Trevor Tondro/OTTO: 24, 110, 118, 124, 159, 162, 167; © David Tsay/OTTO: 145; Simon Upton/The Interior Archive: 72, 83, 90, 102, 104, 122, 153, 182; Frederik Vercruysse: 64; Wallo Villacorta: 33; © William Waldron/OTTO: 32, 35, 50, 85, 114, 129, 130, 144, 186, 199; © Björn Wallander/OTTO: 17, 43, 45, 46, 47, 58, 79, 81, 88, 131, 137, 157, 163, 174, 183; Joachim Wichmann: 111; Andrew Wood/The Interior Archive: 191.

BIOGRAFÍAS

INDIA MAHDAVI

India Mahdavi es arquitecta, diseñadora y escenógrafa, y reside en París. Su estudio, creado en el año 2000, es conocido por la diversidad de sus proyectos internacionales que exploran los campos de la arquitectura, el diseño de interiores, la escenografía, el mobiliario y el diseño de objetos, todo ello desde la rue Las Cases, París. India Mahdavi es célebre por crear ambientes únicos, que combinan un sentido moderno de confort y elegancia con el color y el humor, un arte de vivir intercultural. Políglota y polícroma, India Mahdavi se ha convertido en todo un icono gracias a su vocabulario alegre, cosmopolita y elegante al mismo tiempo.

STELLA PAUL

Stella Paul estudió en la Universidad de Harvard y en la Universidad del Sur de California, y actualmente vive en Nueva York. Durante los veinticuatro años que pasó en el Museo Metropolitano de Arte se dedicó a establecer cauces de comunicación entre el público y el arte, generando interés, compartiendo conocimiento e interpretaciones, incluyendo visitantes desde académicos a estudiantes. Fue educadora de museo encargada de exposiciones y comunicación, y en el marco de su puesto diseñó programas, impartió formación y ponencias, y redactó textos especializados. Antes de incorporarse al MET, Paul encabezaba los esfuerzos del Archivo de Arte Americano del Smithsonian, un prestigioso repositorio de material documental y testimonios orales históricos.

Al haber desempeñado funciones museísticas que abarcan un amplio espectro cronológico y cultural, Paul ha explorado las conexiones que los estudios interdisciplinarios pueden revelar, siempre con una atención permanente sobre el color. En los últimos años, ha escrito sobre el color en el arte, la arquitectura, el diseño y otros ámbitos en los que el color sirve de estímulo para nuestros pensamientos y sueños. Su libro, *Arte y alquimia: la historia del color en el arte*, es un recorrido a través del misterio del color mediante una serie de estudios sobre materiales y significados a lo largo de la historia. Asimismo ha escrito textos introductorios para *Black: Architecture in Monochrome* (I See a Red Door and I Want It Painted Black), para *Red: Architecture in Monochrome* (Seeing Red, Everywhere) y para *The Color of the Moon: Lunar Painting in American Art* (Mapping the Colors of the Moon).

Phaidon Press Limited
2 Cooperage Yard
Londres E15 2QR

Phaidon Press Inc.
111 Broadway
Nueva York, NY 10006

Phaidon SARL
55, rue Traversière
75012 París

phaidon.com

Primera edición en español 2021
Reimpresión en formato compacto 2026
© 2021 Phaidon Press Limited

ISBN 978 1 83729 188 5

Reservados todos los derechos. Prohibida la reproducción en todo o en parte por cualquier medio mecánico, informático, fotográfico o electrónico, así como cualquier clase de copia, registro o transmisión por Internet sin la previa autorización escrita de Phaidon Press Limited.

Directora editorial: Virginia McLeod
Producción: Sarah Kramer
Diseño: Hyperkit

Responsable de la edición española:
Baptiste Roque-Genest
Traducción del inglés: Paloma Muñoyerro González
y Luis de Manuel Carrera
Realización de la edición en español:
Cillero & de Motta

Impreso en China